LE LIVRE DU REPENTIR

Ibn Qudamah

ISBN : 978-1-952608-11-7
www.muslimlife.fr
contact@muslimlife.fr

Votre livre gratuit

Pour vous remercier de votre achat, nous souhaitons vous offrir une copie gratuite en version PDF de notre livre :

« La Guérison des Âmes »

Accédez à la page ci-dessous pour l'obtenir : https://www.muslimlife.fr/guerison-des-ames-offert/

Bonne lecture !

L'équipe de MuslimLife.

Table des matières

Préface

Au Nom d'Allah, le Tout-Miséricordieux, le Très-Miséricordieux.

Toutes les louanges appartiennent à Allah dont la Miséricorde couvre l'ensemble de ses serviteurs et qui a récompensé les obéissants par la guidance vers le chemin droit. Il leur a attribué, par Sa Douceur, l'accès aux bonnes œuvres. Ils ont alors pu obtenir le succès en atteignant leurs objectifs.

Je Le loue, confirmant l'aide abondante qu'Il répand, et je cherche refuge auprès de Lui contre l'éloignement et la distance [vis-à-vis de Lui].

Je témoigne que nulle divinité n'est digne d'être adorée en dehors d'Allah seul, sans associé. Un témoignage qui est consigné en vue de la Demeure de la Résurrection.

Je témoigne que Muhammad est Son serviteur et Messager. Il a clarifié le chemin de la guidance et de l'exactitude et a réprimé les négateurs issus des peuples de la déviation et de l'entêtement. Que la paix et les bénédictions d'Allah soient sur lui.

J'ai une fois parcouru le livre *Minhaj Al-Qasidin* du shaykh al-Imam al-'Alim al-Awhad, Jamal Al-Din ibn Al-Jawzi (qu'Allah lui fasse miséricorde). J'ai constaté qu'il était parmi les livres les plus remarquables et bénéfiques. Je suis tombé sur lui à un certain endroit. J'ai alors voulu l'obtenir et le lire. Lorsque j'ai, pour la deuxième fois, médité sur son contenu, j'y ai trouvé plus que ce que je pensais qu'il renfermait.

Cependant, j'ai constaté que le livre n'était pas simple. J'ai donc décidé de le commenter dans ce « Mukhtasar ». Celui-ci contient la plupart des objectifs initiaux ainsi que d'importants aspects bénéfiques, sauf ce qui est mentionné à son début en matière de principes secondaires. En effet, ces questions sont largement traitées dans les livres de jurisprudence connus par les gens et l'objectif de cet ouvrage n'est pas de traiter de ces sujets.

Je ne me suis pas contraint à conserver l'agencement du livre et sa terminologie spécifique. J'ai plutôt cité certains de ces éléments seulement, dans le but d'être concis. J'ai parfois mentionné un hadith ou d'autres propos lorsque je trouvais que cela était bénéfique et Allah sait mieux.

Je demande à Allah, le Généreux, de rendre bénéfique sa lecture, son écoute ou sa revue, qu'Il en fasse une œuvre sincèrement dédiée à Son Visage, de le couvrir d'un bien pour nous et de nous accorder le succès dans chaque propos et acte qui Lui plaisent.

Qu'Allah pardonne nos manquements et notre négligence, Il nous suffit et Il est le meilleur Garant des affaires.

Chapitre 1 : Le Repentir

Sache que les péchés constituent un voile masquant le Bien-Aimé. Or, il est obligatoire de s'écarter de tout ce qui éloigne du Bien-Aimé.

Cela ne peut être accompli que par le savoir, le regret et la détermination. En effet, celui qui ne sait pas que les péchés sont une cause d'éloignement du Bien-Aimé, ne les regrette pas, ni n'éprouve de chagrin à cheminer sur le sentier des désirs. Et s'il ne ressent aucun chagrin, il ne reviendra pas [vers Allah].

Allah a ordonné le repentir (traduction relative des versets) :

« Et repentez-vous tous devant Allah, ô croyants, afin que vous récoltiez le succès. »[1]

Et Il a dit :

« Ô vous qui avez cru ! Repentez-vous à Allah d'un repentir sincère. »[2]

Et Il a également dit :

« Allah aime ceux qui se repentent, et Il aime ceux qui se purifient. »[3]

1 Sourate 24 : La Lumière, verset 31.
2 Sourate 66 : L'Interdiction, verset 8.
3 Sourate 2 : La Vache, verset 222.

Le Prophète (paix sur lui) a dit : « ***Ô hommes ! Repentez-vous à votre Seigneur, car je me repens à Allah cent fois par jour.*** »[1]

Ibn Mas'ud (qu'Allah l'agrée) rapporte que le Messager d'Allah (paix sur lui) a dit : « ***Allah est plus heureux du repentir de son serviteur croyant qu'un homme qui s'endormit dans le désert, puis se réveilla et constata la perte de sa bête qui portait ses provisions. Il partit à sa recherche jusqu'à ce que la soif le domine. Il dit alors : « Je vais retourner là où j'étais et m'y endormir jusqu'à mourir. ». Il posa sa tête au sol, sur son bras, pour dormir. Puis, il se réveilla et trouva sa monture avec sa nourriture et sa boisson. Allah est plus heureux du repentir d'un serviteur croyant que cet homme du fait de retrouver sa monture.*** »[2]

Les ahadith concernant ce sujet sont nombreux. De plus, il y a unanimité sur l'obligation du repentir, car les péchés sont destructeurs et conduisent à l'éloignement d'Allah. Il faut donc immédiatement les fuir.

Le repentir est en permanence obligatoire, car nul n'est exempt de désobéissance. Même celui qui ne commet pas de péchés par ses membres ne sera pas à l'abri des désobéissances du cœur.

Celui qui ne commet pas les désobéissances du cœur ne sera pas l'abri des insufflations de Satan qui distraient du rappel d'Allah par différentes pensées confuses.

Celui qui n'est pas touché par ces insufflations ne sera pas à l'abri de l'insouciance et de lacunes dans sa connaissance

1 Rapporté par Muslim.
2 Rapporté par Muslim.

d'Allah, de Ses Attributs et de Ses Actes.

Tous ces éléments sont des carences et nul n'en est à l'abri. Les gens diffèrent dans ces carences, mais la base est forcément présente.

En raison de cela, le Prophète (paix sur lui) a dit : « ***Je perçois parfois un voile recouvrant mon cœur. Je demande alors pardon à Allah soixante-dix fois chaque jour et nuit.*** »[1]

C'est pourquoi Allah l'a anobli par Sa Parole :

« **Afin qu'Allah te pardonne tes péchés, passés et futurs** »[2]

Quant aux autres, que dire donc de leur cas ?

Lorsque les conditions du repentir sont réunies, il est valide et accepté.

Allah a dit :

« **Et c'est Lui qui agrée de le repentir de Ses serviteurs** »[3]

Le Messager d'Allah (paix sur lui) a dit : « ***Allah accepte le repentir de son serviteur tant que l'agonie de sa mort n'a pas débuté.*** »[4]

1 Rapporté par Muslim.

2 Sourate 48 : La Victoire Éclatante, verset 2.

3 Sourate 42 : La Consultation, verset 25.

4 *Sahih Al-Jami'*.

1 - Les catégories de péchés

Sache que les gens possèdent différentes caractéristiques et attributs. Cependant, les péchés peuvent être limités à quatre catégories.

La première concerne les caractéristiques de la seigneurie. Elles conduisent à l'orgueil, l'arrogance, l'amour de l'éloge, des compliments et des honneurs, la recherche du pouvoir et d'autres choses similaires. Ces péchés sont destructeurs. Certains n'en tiennent pas compte, ne les considérant même pas comme des péchés.

La seconde concerne les caractéristiques sataniques. Elles incitent à la jalousie, la transgression, la ruse, la tromperie, la manigance, la tricherie, l'hypocrisie, l'appel à la corruption, et autre.

La troisième concerne les caractéristiques bestiales. Elles poussent aux plus bas et vils instincts animaux liés à l'assouvissement des désirs du ventre et du sexe. Cela conduit à la fornication, à l'homosexualité, au vol, aux plaisirs de ce bas monde, tout cela dans le but de satisfaire les désirs.

La quatrième concerne les caractéristiques prédatrices. Elles amènent à la colère, la haine, à l'agression des gens par le meurtre et la violence, ainsi qu'au fait de s'emparer de leurs biens et de leurs possessions.

Ces caractéristiques sont de différents niveaux au sein de la nature humaine.

Les instincts bestiaux dominent d'abord la personne avant que ne suivent les instincts prédateurs.

Lorsque ces deux éléments se réunissent, ils dirigent l'esprit vers les caractéristiques sataniques de la manigance, de la tromperie et de la ruse.

À la suite de cela, ce sont les caractéristiques de la seigneurie qui dominent.

Telles sont les sources des péchés. Elles se diffusent ensuite dans les membres et certaines dans le cœur comme la mécréance, l'innovation, l'hypocrisie et l'appel au mal.

Certains péchés concernent les yeux, d'autres les cœurs, la langue, le ventre, le sexe, les mains, les pieds, et d'autres encore le corps entier. Nul besoin de détailler ce point tant il est clair.

Les péchés se divisent entre ce qui est en rapport avec les droits des gens, et ce qui est en rapport avec la relation entre le serviteur et son Seigneur. La première catégorie est plus grave, car, dans la deuxième, le pardon est plus facilement espéré tant qu'il ne s'agit pas de polythéisme, qu'Allah nous en préserve.

D'après 'Aishah (qu'Allah l'agrée), le Messager d'Allah (paix sur lui) a dit : ***« Les registres auprès d'Allah sont trois : un registre auquel Allah ne prête pas attention, un registre dont Allah n'omet rien et un registre qu'Allah ne pardonne pas, qui est le polythéisme. Allah a dit :***

« Quiconque associe à Allah, Il lui interdit le Paradis. »[1]

Quant au registre auquel Allah ne prête aucune atten-

1 Sourate 5 : La Table Servie, verset 72

tion, il concerne les injustices que le serviteur commet envers lui-même dans ce qui se trouve entre lui et Allah. Il peut être pardonné pour cela.

Quant au registre dont Allah n'omet rien, il concerne les injustices que les serviteurs commettent les uns contre les autres. La réparation est alors inévitable. »[1]

1 *Da'if Al-Jami'*. La chaîne de transmission du hadith est faible.

2 - Autre division : péchés mineurs et majeurs

Sache que les péchés se divisent entre mineurs et majeurs. Il existe des divergences d'opinions à ce sujet et les ahadiths diffèrent quant aux nombres de péchés majeurs. Les ahadiths authentiques qui les mentionnent sont au nombre de cinq.

Le premier : d'après Abu Hurayrah (qu'Allah l'agrée), le Prophète (paix sur lui) a dit :

« Restez loin des sept péchés destructeurs. »

Les Compagnons demandèrent : « Ô Messager d'Allah, quels sont-ils ? »

Il (paix sur lui) répondit : « Associer des partenaires à Allah dans l'adoration, tuer une âme qu'Allah a protégée, sauf en toute vérité, consommer les biens d'un orphelin, fuir du champ de bataille et calomnier les femmes croyantes chastes et innocentes. »[1]

Le deuxième : d'après Ibn Mas'ud (qu'Allah l'agrée), le Prophète (paix sur lui) fut interrogé au sujet du pire des péchés. Il répondit : ***« Que tu donnes un associé à Allah alors même qu'Il t'a créé. ».***

On lui demanda ensuite : « Et après cela ? »

Le Prophète (paix sur lui) dit : « Que tu tues ton enfant de crainte qu'il ne partage ta nourriture. »

On lui demanda ensuite : « Et après cela ? »

Le Prophète (paix sur lui) dit : « Que tu forniques avec la femme de ton voisin. »[2]

---

1 Rapporté par Al-Boukhari & Muslim.

2 Rapporté par Al-Boukhari & Muslim.

Le troisième : d'après 'Abdullah Ibn 'Amr (qu'Allah l'agrée), le Prophète (paix sur lui) a dit : « ***Les péchés majeurs sont de donner des associés à Allah et de désobéir aux parents.*** »[1]

Le quatrième : Le Prophète (paix sur lui) a dit : « ***Ne vais-je pas vous informer du pire des péchés ? Il s'agit du mensonge. » Ou il (paix sur lui) a dit : « Le faux témoignage.*** »[2]

Le cinquième : D'après Abu Bakr (qu'Allah l'agrée), ***le Prophète (paix sur lui) a mentionné dix péchés majeurs et a dit : « L'association à Allah et la désobéissance aux parents. ».***

Alors qu'il était accoudé, il se redressa et dit : « Prenez garde au mensonge et au faux témoignage. ».

Abu Bakr (qu'Allah l'agrée) dit : « Il ne cessa de le répéter au point que nous nous dîmes : « Quand va-t-il s'arrêter ? » »[3]

Les savants ont divergé au sujet des péchés majeurs. Il existe de nombreuses opinions les concernant. Les ahadiths sur les péchés majeurs ne les indiquent pas de manière exhaustive. Peut-être que le Législateur a souhaité ne pas les déterminer afin que les gens craignent les péchés. En revanche, les ahadiths permettent de déterminer les types de péchés majeurs, ainsi que les plus graves d'entre eux. Quant aux plus petits péchés mineurs, il n'existe aucun moyen de les connaître.

Les savants ont discuté des nombres de péchés majeurs.

On rapporte d'Ibn Mas'ud (qu'Allah l'agrée) qu'il a dit : « Ils sont au nombre de quatre. ».

---

1 Rapporté par Al-Boukhari.

2 Rapporté par Al-Boukhari & Muslim.

3 Rapporté par Al-Boukhari & Muslim.

On rapporte cependant d'Ibn 'Umar (qu'Allah l'agrée) qu'il a dit : « Ils sont sept. ». Lorsque l'énumération d'Ibn 'Umar fut mentionnée à Ibn 'Abbas (qu'Allah l'agrée), il dit : « Leur nombre est plus proche de soixante-dix que de sept. ».

Abu Salih rapporte qu'Ibn 'Abbas (qu'Allah l'agrée) a dit : « [Un péché majeur] est ce qui implique une peine légale ici-bas. ».

D'après Ibn Mas'ud, les péchés majeurs sont mentionnés au début de la Sourate « Les Femmes » jusqu'à :

« **Si vous évitez les grands péchés qui vous sont interdits.** »[1]

Sa'id ibn Jubayr a dit : « Il s'agit de chaque péché pour lequel Allah a promis l'Enfer. »

Abu Talib Al-Makki a dit : « Les péchés majeurs sont au nombre de dix-sept. Ils ont été compilés de ce qui a été rapporté.

Quatre concernent le cœur : le polythéisme, la désobéissance continuelle, désespérer de la miséricorde d'Allah et se sentir à l'abri du stratagème d'Allah.

Quatre concernent la langue : le faux témoignage, calomnier une femme chaste, le faux serment et la sorcellerie.

Trois d'entre eux concernent le ventre : boire de l'alcool, consommer les biens de l'orphelin injustement et l'usure.

Deux d'entre eux concernent les parties intimes : la forni-

1 Sourate 4 : Les Femmes, verset 31

cation et l'homosexualité.

Deux d'entre eux concernent les mains : le meurtre et le vol.

L'un parmi eux concerne les pieds : fuir du champ de bataille le jour d'un combat.

Un concerne le corps entier : se montrer irrespectueux envers ses parents. »

Cette liste peut être allongée ou réduite, car le fait de frapper un orphelin constitue un péché plus grave que de consommer ses biens. Allah sait mieux.

3 - Les degrés dans l'au-delà dépendent des bonnes et mauvaises œuvres accomplies ici-bas

Sache que les rangs des gens varient dans l'au-delà en fonction de ce qu'ils accomplissent ici-bas. Ils se divisent en quatre catégories : les anéantis, les châtiés, les sauvés, les victorieux.

Ceci est à l'exemple d'un roi qui conquiert une terre et exerce son autorité sur elle. Il tue certaines personnes et en punit d'autres. Il en libère certains, ce sont les sauvés, et en récompense d'autres, ce sont les victorieux.

Si le roi est juste, alors il ne donnera à chacun que ce qu'il mérite. Il ne tuera donc personne en dehors de celui qui renie sa légitimité et qui conteste le fondement de son autorité. Il ne punira que celui qui montre des manques dans son service envers lui et dans sa reconnaissance. Il ne laissera partir que ceux qui reconnaissent sa royauté sans négligence. Il ne récompensera que ceux qui ont dévoué leur vie à son service.

Les membres de chacune de ces catégories diffèrent dans les faveurs et ses châtiments qu'ils reçoivent en fonction de leurs conditions. Ce qui témoigne de cela est ce qui est rapporté dans le hadith ***expliquant que certaines personnes traverseront le pont (Al-Sirat) tel un éclair soudain***[1] ***alors***

1 Rapporté par Al-Boukhari & Muslim.

que d'autres demeureront en Enfer pendant sept-mille ans[1], et il existe plusieurs niveaux entre un instant et sept-mille ans.

Quant aux différences en matière de châtiments, elles ne concernent que leurs intensités. Il n'y a aucune fin au plus grand des châtiments et le plus petit des châtiments consiste à rendre des comptes. Donc, tout comme le roi pourrait châtier ceux qui ont des manquements dans leurs œuvres en leur demandant des comptes, puis en leur pardonnant, il pourrait également les châtier de manières différentes.

Les bienheureux varient également en matière de degrés de félicité. Ce sont des sujets qui sont connus par transmission et à la lumière de la connaissance.

Nous pouvons affirmer, de façon plus détaillée, que tous ceux qui implémentent la base de la foi, restent éloignés des péchés majeurs, accomplissent correctement toutes les obligations, et ne commettent pas de péchés majeurs de manière continuelle, peuvent être pardonnés, car le Coran mentionne que le fait de rester loin des péchés majeurs expie les péchés mineurs.

Ce type de personne sera soit parmi les Rapprochés [d'Allah], soit parmi les « Gens de la Droite », en fonction de sa foi et de sa certitude. Si sa foi diminue ou s'affaiblit, alors son rang s'abaissera. Si elle augmente et se renforce, son rang s'élèvera.

Les Rapprochés varient [dans leurs rangs] en fonction de leur connaissance d'Allah. Les degrés de ceux qui connaissent Allah ne peuvent être cernés, car l'océan de la connaissance

---

1 Rapporté par Al-Tirmidhi. La chaîne de transmission est jugée faible par Al-Hafidh Al-'Iraqi.

n'a pas de rivage.

Le rang le plus élevé des Gens de la Droite correspond au rang le plus bas des Rapprochés. Sa condition est de se tenir éloigné des péchés majeurs et d'accomplir les obligations.

Quant à ceux qui commettent des péchés majeurs ou sont négligents dans l'accomplissement des piliers de l'Islam, s'ils se repentent sincèrement avant la mort alors ils seront parmi ceux qui n'ont pas commis de péchés majeurs. En effet, ***« Celui qui se repent d'un péché est tel celui qui n'a pas de péché »***[1]. Le vêtement lavé est tel le vêtement neuf qui n'a jamais été souillé.

En ce qui concerne celui qui meure avant de se repentir, son cas est grave. Cela, car le fait qu'il soit mort en persistant dans le péché pourrait avoir ébranlé sa foi et donc l'avoir mené à une mauvaise fin, surtout si sa foi était issue d'un suivi aveugle, car elle pourrait alors se dissoudre à l'apparition du moindre des doutes. Celui qui connaît Allah et qui est doté de certitude est le plus éloigné de la crainte d'une mauvaise fin.

Le châtiment d'un défunt qui ne s'est pas repenti sera fondé sur la gravité des péchés majeurs commis et sur la durée de son obstination à les commettre.

Ce que nous avons mentionné au sujet des degrés des serviteurs constitue une règle possédant des causes manifestes, de la même manière que lorsqu'un médecin juge que la mort d'un malade est inévitable et que le remède ne sera pas utile dans son cas, il se peut que pour un autre malade aux symptômes légers, le remède soit efficace.

---

1 *Sahih Al-Jami'.*

Cependant, il s'agit d'un propos général. En effet, il se peut que celui qui était gravement malade échappe à la mort ou que celui qui était légèrement malade décède. Cela est dû au fait que les secrets d'Allah sont cachés et que les âmes des vivants sont mystérieuses en raison de leurs connexions avec Le Créateur des Causes. La compréhension de tout cela dépasse les capacités humaines.

La réussite ou l'anéantissement dans l'au-delà dépendent de causes cachées qui vont au-delà de ce que l'humain connaît.

Il est également possible que le désobéissant soit pardonné, même si ses péchés ont été nombreux, alors que l'obéissant peut voir la colère tomber sur lui, alors que ses bonnes œuvres apparentes sont nombreuses, car c'est la piété qui compte et celle-ci se trouve dans le cœur. Or, les états dans lesquels se trouve le cœur peuvent échapper à son propriétaire. Que dire alors d'autrui ?

Quant aux sauvés, ce que nous entendons par « salvation » est la sécurité, sans bonheur ni succès. Ils n'ont pas servi suffisamment pour être récompensés ni n'ont eu assez de manquements pour être châtiés. Leur cas est similaire à celui du fou, des enfants des mécréants et de ceux que le message n'a pas atteints. Ils n'ont donc pas pu faire preuve de compréhension, de rejet, d'obéissance ou de désobéissance. Il est donc approprié de dire que l'endroit qui leur convient est *Al-A'raf* (Les Remparts).

En ce qui concerne les victorieux, ce sont ceux qui connaissent Allah, ainsi que les Rapprochés et L'Avant-Garde. Ce sont ceux dont aucune âme ne connaît la réjouissance qui leur a été réservée. Ils ne sont pas avides du Paradis, mais plutôt de la rencontre de leur Seigneur, gloire à Lui, ainsi que de Le contempler.

Ils sont tel l'amoureux qui, sous l'effet de l'amour, ne se soucie pas de lui-même et ne sent pas ce qui affecte son corps. Il n'a d'autre préoccupation que son bien-aimé. Ils sont ceux qui ont atteint ce qui rafraîchit les yeux. Aucun cœur humain ne peut comprendre cela.

Tout cela devrait suffire à expliquer la répartition des différents degrés de bonnes actions.

4 - Ce qui transforme les péchés mineurs en péchés majeurs

Sache que les péchés mineurs peuvent devenir majeurs à force de répétition et d'insistance.

D'après Ibn 'Abbas, le Prophète (paix sur lui) a dit : ***« Il n'est pas de péché mineur dans l'obstination et il n'y a pas de péché majeur tant que le pardon d'Allah est recherché. »***[1]

Sache que le pardon d'un péché majeur qui a été commis, puis stoppé, puis qui n'a pas été repris, est meilleur que le pardon d'un péché mineur sur lequel le serviteur persiste.

Cet acte est similaire à des gouttes qui tombent successivement sur une pierre jusqu'à l'affecter. Si les gouttes étaient tombées toutes en même temps, elles auraient recouvert la pierre sans avoir le même impact. Pour cette raison, le Prophète (paix sur lui) a dit : ***« Les actes les plus aimés d'Allah sont les plus constants et réguliers, même s'ils sont minimes. »***[2]

L'une des causes qui mènent à ce que le péché mineur s'aggrave réside dans le fait de le considérer comme insignifiant. En effet, lorsque le serviteur considère un péché comme étant immense, Allah le considère comme étant minime, et quand un serviteur considère un péché comme étant minime, Allah le considère comme immense. Si le serviteur d'Allah considère un péché comme étant grave, son cœur s'en éloignera et le détestera.

---

1 *Da'if Al-Jami'.*

2 Rapporté par Al-Boukhari & Muslim.

Ibn Mas'ud (qu'Allah l'agrée) a dit : « Le croyant voit ses péchés comme s'il se trouvait au pied d'une montagne et que celle-ci s'apprêtait à s'écrouler sur lui. Alors que le dépravé considère ses péchés comme celui qui, de sa main, chasse des mouches posées sur son nez. »[1]

Les péchés sont considérés comme graves dans le cœur du croyant en raison de sa connaissance de la Majesté d'Allah. Lorsqu'il médite sur l'immensité de Celui auquel il désobéit, il considère son péché mineur comme majeur.

Anas (qu'Allah l'agrée) a dit : « Certes, vous commettez des actes que vous considérez comme étant plus petit que le brin d'un cheveu, alors qu'à l'époque du Messager d'Allah (paix sur lui), ils furent considérés comme des péchés destructeurs. »[2]

Bilal Ibn Sa'd (qu'Allah l'agrée) a dit : « Ne regarde pas la petitesse du péché, regarde plutôt l'immensité de Celui auquel tu désobéis. »

Une autre cause d'aggravation du péché mineur consiste à se réjouir de le commettre, à l'exemple de celui qui dit « N'as-tu pas vu comme j'ai diffamé untel et untel ? J'ai mentionné ses erreurs jusqu'à ce qu'il soit déshonoré. N'as-tu pas vu comme j'ai imaginé ces fausses accusations contre untel et untel ? Je l'ai trompé et dominé. ». Ce genre de comportement aggrave les péchés mineurs.

Une autre cause d'aggravation du péché mineur consiste à se montrer indifférent au fait qu'Allah dissimule [le péché], qu'Il fasse preuve d'indulgence envers le pécheur, ainsi qu'au répit qu'Il accorde. Le coupable ne comprend pas que cela

---

1 Rapporté par Al-Boukhari.

2 Rapporté par Al-Boukhari.

peut en réalité être une cause pour qu'il commette plus de péchés.

Ajoutons le fait de commettre un péché et de l'exposer en le mentionnant aux autres. D'après Abu Hurayrah (qu'Allah l'agrée), le Prophète (paix sur lui) a dit : « ***Toute ma communauté sera pardonnée sauf les pécheurs qui s'exhibent. Fait partie de l'exhibition le fait qu'Allah ait couvert [des yeux des gens] le serviteur qui a péché dans la nuit et qui, au matin, se dévoile en disant : « Ô untel ! J'ai fait ceci et cela. ». Il se dévoile alors que son Seigneur l'avait caché.*** »[1].

De plus, si le pécheur est un savant qui est pris pour modèle et que son péché est exposé, sa gravité augmente, comme dans le cas où il porterait de la soie, fréquenterait les injustes, les encourageant en se taisant sur leurs péchés, porterait atteinte à l'honneur d'autrui, ou se préoccuperait de sciences n'ayant aucune utilité à l'exception du gain de célébrité, telle que la controverse. Le savant est suivi dans ces péchés. Même après sa mort, son mal demeure. Donc bienheureux est celui qui, en mourant, voit son péché mourir avec lui.

Il est dit dans le hadith : « ***Quiconque instaure une mauvaise tradition en Islam portera le fardeau de ce péché ainsi que celui de quiconque la pratique, sans que cela allège leurs péchés.*** »[2]

Le savant est soumis à deux obligations : l'abandon du péché puis sa dissimulation.

Le fardeau des savants est alourdi si leurs péchés sont suivis par les autres. De même, leurs bonnes œuvres augmentent

---

1 Rapporté par Al-Boukhari & Muslim.

2 Rapporté par Muslim.

lorsqu'ils sont suivis en cela par les gens.

Le savant doit donc faire preuve de modération dans ses vêtements et ses dépenses. Il doit se montrer frugal, car les gens l'observent.

Il doit également se préoccuper de tout ce en quoi il sera suivi par les autres. En effet, s'il fréquente les gouverneurs et amasse les plaisirs de ce monde, les gens le suivront en cela. Même si lui parvient à s'en préserver, les autres ne comprendront pas comment atteindre cette préservation.

On rapporte qu'un roi contraignait son peuple à manger de la chair de porc. Un savant se rendit auprès de lui. Le chambellan du roi dit au savant : « Nous avons sacrifié un chevreau pour toi et t'en avons réservé une portion afin que tu en manges. ». Lorsque le savant s'introduit auprès du roi, on apporta le plat, mais le savant n'en mangea pas. Le roi ordonna alors qu'on l'exécute. Le chambellan lui dit : « Ne t'ai-je pas informé qu'il s'agissait d'un chevreau ? ». Le savant répondit : « Comment ceux qui me suivent peuvent-ils le savoir ? ».

5 - Les conditions du repentir

Sache que le repentir consiste en un regret qui mène à une résolution et une détermination. Un tel regret conduit à savoir que la désobéissance est un mur entre l'Homme et son Bien-aimé.

Le regret consiste à ressentir du chagrin dans le cœur lorsqu'on se sent éloigné du Bien-Aimé. Ses signes sont la longue tristesse et les pleurs. Quiconque ressent l'approche d'un châtiment envers son fils ou une personne qui lui est chère, ses larmes couleront et son malheur s'intensifiera.

Quel châtiment est pire que celui de l'Enfer ? Quelle cause appelle plus le châtiment que le péché ? Quel informateur est plus véridique que le Messager d'Allah (paix sur lui) ?

Si le médecin informe une personne que son fils ne guérira pas de la maladie, sa peine s'intensifiera, alors que son fils ne lui est pas plus cher que sa propre personne, que le médecin n'est pas plus savant qu'Allah et Son Messager (paix sur lui), que la mort n'est pas plus dure que l'Enfer et que la maladie qui mène à la mort n'est pas pire que le péché qui apporte la Colère d'Allah et expose à l'Enfer.

Celui qui se repent doit accomplir les prières qu'il a manquées ou qu'il a accomplies sans en respecter les conditions, comme le fait de prier dans un vêtement touché par l'impureté, ou avec une mauvaise intention, en raison de son ignorance de cela. Il doit accomplir tout ce qu'il a manqué.

De même, s'il a un jeûne à effectuer, une zakat à payer, un pèlerinage à réaliser ou toute autre obligation, il doit tout accomplir.

Concernant ses péchés, il doit rechercher tous ceux qu'il a commis depuis la puberté et les examiner. Il doit se repentir de tout ce qui est entre lui et Allah, regretter et rechercher le pardon d'Allah. Il doit également considérer l'étendue de ses péchés et chercher à accomplir une bonne action appropriée à chacun d'entre eux, ainsi qu'à accomplir autant de bonnes œuvres que de péchés commis.

Allah a dit :

« Certes, les bonnes œuvres dissipent les mauvaises. »[1]

Le Prophète (paix sur lui) a dit : ***« Fais suivre la mauvaise action par une bonne afin de l'effacer. »***[2]

Voici des exemples de ce que nous venons de mentionner :

Expier l'écoute de la musique par l'écoute du Coran et la participation aux assemblées de rappel.

Expier le fait de toucher le Coran sans être en état de pureté en honorant le Coran et en le lisant, ainsi qu'en le recopiant si possible.

Expier la consommation d'alcool par le don de boissons licites en aumône.

À travers ces moyens, le chemin de l'opposition [aux péchés] peut être parcouru, car les maladies ne sont guéries que par leurs opposés. Voilà pour ce qui se trouve entre lui et Allah.

Quant aux injustices commises envers les serviteurs [d'Allah], elles contiennent également de la désobéissance envers

---

1 Sourate 11 : Hud, verset 114.

2 *Sahih Al-Jami'.*

Allah, car Il a interdit l'injustice commise envers ses serviteurs.

Celui qui les oppresse a commis une chose qu'Allah a interdite. Cela implique donc d'éprouver du regret, de prendre la ferme résolution de ne plus reproduire cette injustice dans le futur et d'accomplir de bonnes œuvres qui font opposition à ces actes injustes.

Porter préjudice aux gens s'expie en étant bienfaisant envers eux. La spoliation des biens s'expie par l'aumône accomplie avec des biens licites. La diffamation de l'honneur des gens s'expie par l'éloge des adeptes de la religion. Enfin, le meurtre s'expie par l'affranchissement d'un esclave.

Les injustices commises envers les gens touchent leur personne, leurs biens, leur honneur et leur cœur.

Concernant le premier cas [leur personne], celui qui est coupable d'un homicide involontaire doit payer le prix du sang aux ayants droit. Il peut payer lui-même ou son clan peut le faire à sa place.

Si le meurtre était volontaire et prémédité, la loi du talion devra être appliquée avec toutes ses conditions. Ainsi, il devra se livrer à celui ayant le droit de réclamer le talion qui pourra demander son exécution ou choisir de lui pardonner.

Il ne lui est pas autorisé de cacher sa situation, contrairement à celui qui fornique, vole, consomme de l'alcool ou commet quoique ce soit qui nécessite l'application d'une peine légale d'Allah. Dans ces cas-là, le repentir ne nécessite pas de s'exposer, il convient au contraire de s'en cacher.

En revanche, si l'affaire est portée devant le gouverneur

qui applique la peine légale sur le coupable, elle tiendra lieu d'expiation et son repentir sera valide est accepté auprès d'Allah. La preuve de cela réside dans le récit de Ma'iz et de la femme de la tribu de Ghamidi.[1]

De même, dans le cas de la diffamation, il faut qu'il y ait un jugement pour ceux qui mérite justice.

Quant au deuxième cas, il concerne les torts liés aux biens tels que la spoliation, la trahison, la tromperie dans les échanges commerciaux et autres.

Ici, tout ce qui a été pris sans droit doit être rendu. Le coupable doit écrire aux victimes, leur remettre leurs droits et chercher à ce qu'ils l'en libèrent.

Si le préjudice est trop important, de sorte qu'il soit incapable de tout rendre, alors il doit faire selon ses capacités. S'il ne possède aucun moyen en dehors de l'accomplissement de bonnes actions, alors cela lui sera retiré le Jour du Jugement afin d'être placé sur les balances des victimes. Si c'est insuffisant, une quantité de mauvaises actions des victimes sera retirée pour être ajoutée aux siennes.

Voilà donc la disposition légale concernant l'injustice liée aux possessions. S'il possède toujours des biens et qu'il ne connaît pas leur propriétaire ou ses héritiers, il doit les donner en aumône. Si le licite est mélangé à l'illicite, il doit s'efforcer d'estimer la quantité d'illicite et d'en donner l'équivalent en aumône.

Le troisième cas concerne les crimes commis contre l'honneur et les torts envers les cœurs. Ici, le coupable doit chercher

---

1 Rapporté par Al-Boukhari & Muslim.

à s'amender auprès de tous ceux qu'il a diffamés et les informer de l'étendue du crime, sans ambiguïté. Ceci sauf si cette révélation aggrave les torts, comme dans le fait de citer un de ses défauts cachés, ou le fait de forniquer avec la femme de son voisin.

Le coupable doit alors s'efforcer de faire preuve de bienveillance et de bienfaisance envers la victime et à s'amender de manière équivoque. Cela afin que, le Jour de la Résurrection, les bonnes œuvres surpassent le tort commis par l'atteinte à l'honneur de la victime.

De même, quiconque meurt voit sa situation prendre fin et donc seule une grande quantité de bonnes œuvres pourra permettre de compenser le Jour du Jugement. On obtient le salut contre le Feu que par la prédominance des bonnes œuvres.

6 - Les prérequis du repentir

Parmi les prérequis du repentir sincère se trouve la ferme résolution de ne pas répéter de tels péchés ou d'autres similaires.

Pour illustrer ce principe, on peut citer l'exemple du malade qui sait qu'un fruit en particulier nuit à sa santé et qui donc prend la ferme résolution de ne pas le manger durant toute sa maladie. Cette ferme résolution se réalise immédiatement, même si l'on peut imaginer que le désir la domine plus tard.

On ne peut être repentant sans prendre cette résolution ferme immédiatement. On ne peut imaginer que le repentant y parvienne à ses débuts, sauf par la solitude, le silence, le peu de sommeil et de nourriture, le gain licite, ainsi que par l'abandon de ce qui est douteux et désirable en matière de nourriture et de vêtement.

L'un d'entre eux a dit : « Celui qui est sincère dans l'abandon des désirs et lutte contre lui-même pendant sept ans ne sera plus jamais éprouvé par eux. ». Un autre a dit : « Celui qui se repent de ses péchés et se maintient dans la droiture pendant sept ans ne retournera jamais à eux. ».

7 - Les catégories de gens en perpétuel repentir

Les gens se divisent en quatre catégories par rapport au repentir.

La première catégorie : le repentant qui se maintient droit dans le repentir jusqu'à la fin de sa vie et qui n'invite pas sa propre personne à retourner au péché à l'exception des erreurs dont nul humain n'est exempt. Voilà ce qu'est se montrer droit dans le repentir et son auteur se trouve au premier rang de la bienfaisance.

Ce type de repentir est connu comme étant un « repentir sincère » et une telle âme est citée comme étant une « âme sereine ».

Ceux qui le pratiquent diffèrent. Parmi eux se trouvent ceux qui ont placé leurs désirs sous la domination du savoir et ceux dont les âmes tentent de les tirer et qui donc les combattent constamment.

La seconde catégorie : le repentant qui emprunte le chemin de la persévérance concernant la plupart des actes d'obéissance et les péchés majeurs, car il n'est pas dénué de tous péchés, bien que cela soit involontaire. Il est éprouvé par eux sans être déterminé à les commettre. À chaque fois qu'il les commet, il blâme son âme, regrette et cherche les moyens d'éviter d'y retomber.

Il s'agit de « l'âme qui se blâme », adressant des reproches à la personne en raison des interdits visés. Il s'agit également d'un rang élevé, même s'il est inférieur au précédent. C'est la situation de la plupart des repentants, car le mal est gravé dans la nature humaine, rares sont ceux qui en sont démunis.

Leur objectif est donc de lutter afin que leurs bonnes œuvres surpassent leurs mauvaises pour que leurs balances pèsent lourd grâce à un nombre supérieur de bonnes actions. Il est cependant extrêmement rare que leur balance de mauvaises actions soit complètement vide.

Cette catégorie bénéficie d'une belle promesse de la part d'Allah quand Il dit :« **Pour ceux qui évitent les plus grands péchés, ainsi que les turpitudes, et qui ne commettent que les fautes légères[1], le pardon de Ton Seigneur est im-**

---

1 N.d.T : Dans le « *Tafsir Al-Jalalayn* », il est expliqué que « *Al-Lamam* » (fautes légères) désigne : « Les péchés mineurs à l'exemple du regard, du baiser et du toucher. ». Ibn Kathir stipule dans son exégèse du verset : « « *Lamam* » signifie « petites fautes » et « erreurs mineures ». ». L'imam Ahmad rapporte qu'Ibn 'Abbas a dit : « Je n'ai rien vu de plus similaire à « *Al-Lamam* » que [ce que décrit] le hadith que Abu Hurayrah a rapporté du Prophète (paix sur lui) : ***« Allah a décrété pour tout fils d'Adam sa part de fornication qu'il va commettre inévitablement. La fornication de l'œil est le regard. La fornication de la langue est la parole. L'âme souhaite et désire et le sexe confirme tout cela ou le dément. ». ».*** Ce hadith est rapporté dans les deux *Sahihs*. Ibn Jarir rapporte qu'Ibn Mas'ud a dit : « Les yeux commettent la fornication par le regard, les lèvres par le baiser, les mains par la transgression, les pieds par la marche, et le sexe concrétise tout cela ou ne le concrétise pas. Celui qui accomplit une relation sexuelle sera celui qui aura commit la fornication. Autrement, il s'agit de « *Al-Lamam* ». ». Masruq et Al-Sha'bi ont le même avis. 'Abd Al-Rahman Ibn Nafi', aussi connu sous le nom de Ibn Lubabah Al-Ta'ifi, a dit : « J'ai interrogé Abu Hurayrah à propos de la parole d'Allah « *(...) Al-Lamam* » et il a répondu : « Cela concerne le baiser, le clin d'œil, le regard et l'étreinte. Lorsque le sexe rencontre l'autre sexe dans une relation sexuelle, alors les grandes ablutions sont obligatoires et cela est de la fornication. ». Al-Qurtubi mentionne dans son exégèse de ce verset : « « *Al-Lamam* » désigne les péchés mineurs dont nul n'est à l'abri à l'exception de ceux qu'Allah protège et préserve. Il existe une divergence d'opinions concernant sa signification. Abu Hurayrah, Ibn 'Abbas et Al-Sha'bi ont dit qu'il s'agit de tout ce qui est moindre que la fornication. Muqatil Ibn Sulayman a dit que le verset a été révélé par rapport à un homme nommé Nabhan Al-Tammar qui possédait une boutique de dattes. Un jour, une femme entra dans la boutique pour acheter des dattes. L'homme lui dit « Venez-donc à l'arrière-boutique, car c'est là où se trouvent les meilleurs types de dattes. ». Lorsqu'elle s'y rendit, il tenta de la séduire, mais elle le repoussa et s'en alla. Nabhan fut pris de regrets pour ce qu'il avait commis. Il se rendit donc auprès du Messager d'Allah (paix sur lui) et l'interrogea sur le cas de celui qui commet toute chose avec une femme dont le mari s'est absenté pour partir au combat, à l'exception de la fornication.

mense. »[1]

C'est à ce rang que le Prophète (paix sur lui) fait référence en disant : « **Allah aime le croyant clairvoyant et repentant. »**[2]

La troisième catégorie : celui qui se repent et se maintient dans la rectitude pendant un moment, puis ses désirs pour certains péchés le dominent et il les commet à nouveau en raison de son incapacité à réprimer ses envies. Malgré cela, il persévère dans l'accomplissement d'actes d'obéissance et délaisse la plupart des péchés, bien qu'il désire les commettre et est capable.

Il s'agit juste d'une ou deux envies qui le dominent. Il aimerait qu'Allah l'en débarrasse afin qu'il cesse le mal qu'il commet. Après avoir succombé, il regrette et exhorte son âme à se repentir de ce péché. Il s'agit de « l'âme interrogée » à propos de laquelle Allah a dit :

« D'autres ont reconnu leurs péchés. Ils ont mêlé de bonnes œuvres à d'autres mauvaises. »[3]

En raison de son application dans l'obéissance et son aversion envers les péchés qu'il commet, on peut avoir espoir pour lui, car Allah a dit :

« Il se peut qu'Allah accueille leur repentir. »[4]

C'est alors que le verset fut révélé. Cela est également mentionné à la fin de la sourate Hud et Ibn Mas'ud, Abu Sa'id Al-Khudri, Hudhayfa et Masruq ont dit que « *Al-Lamam* » correspond à ce qui est moindre que la relation sexuelle, à l'exemple du baiser, des câlins, du regard et du fait de s'allonger. ».

1 Sourate 53 : L'Étoile, verset 32.

2 Rapporté par 'Abdullah Ibn Ahmad. Jugé faible par Al-Haythami.

3 Sourate 9 : Le Repentir, verset 102.

4 Sourate 9 : Le Repentir, verset 102.

En revanche, sa situation finale est en danger du fait qu'il reporte son repentir, car il peut mourir avant de l'accomplir et les actes ne valent que par leurs conclusions. Toutes les âmes sont destinées à mourir. Il faut donc être prudent, vigilant et prendre garde au fait de tomber dans les interdits.

La quatrième catégorie : celui qui se repent, se maintient dans la rectitude pendant un moment, puis retourne au péché sans s'exhorter au repentir ni ressentir de chagrin pour ses actes. Il persiste dans le péché. Il s'agit de « l'âme incitatrice au mal ». On craint une mauvaise fin pour ce cas.

S'il meurt sur le monothéisme, il est espéré qu'il soit sauvé du Feu, même après y avoir demeuré un moment. Il n'est pas impossible pour Allah de lui pardonner en raison d'un motif caché qui n'est pas connu.

Cependant, il est inapproprié pour le pécheur de se reposer sur cela, en faisant partie de ceux qui disent : « Certes, Allah est Généreux, Ses trésors sont immenses et ma désobéissance ne Lui nuit en rien. ». C'est alors que tu peux voir l'auteur de ce genre de propos prendre la mer à la recherche de l'argent. Si tu lui dis « Si Allah est Généreux, pourquoi ne restes-tu pas assis chez toi en attendant qu'Allah pourvoie à ta subsistance ? », il répondra : « Les provisions doivent être gagnées ! ». C'est alors qu'il faudra lui dire : « De même que le salut à travers le repentir ! ».

8 - Ce que le repentant doit faire

Nous avons indiqué que celui qui se repent doit accomplir de bonnes œuvres par opposition aux mauvaises actions qu'il a produites afin de les effacer.

Les bonnes œuvres expiatrices peuvent être accomplies par le cœur, la langue et les membres, en fonction des mauvaises actions commises.

Ce qui est commis par le cœur s'expie par la soumission.

Ce qui est commis par la langue s'expie la reconnaissance de l'offense et par la demande de pardon en disant : « Mon Seigneur, j'ai commis du tort envers ma personne, pardonne moi. ».

On rapporte dans un hadith que le Prophète (paix sur lui) a dit : ***« Il n'y a aucun homme qui commet un péché, fait ses ablutions correctement, prie deux unités puis demande pardon à Allah, sans qu'il soit pardonné. »***[1]

Quant aux péchés commis par les membres, ils s'expient par les actes d'obéissance, l'aumône et d'autres actes d'adoration.

---

1 *Sahih Al-Jami'.*

9 - Le repentir en tant que remède et le moyen de briser l'habitude du péché

Sache que celui qui ne connaît pas la maladie ne peut connaître le remède. En effet, le remède n'a d'autre sens que de s'opposer à la maladie et rien n'annule une chose sans agir par opposition à elle.

La persistance [dans le péché] a pour causes l'insouciance et le désir. On ne peut opposer à l'insouciance que le savoir. On ne peut opposer au désir que la patience dans le fait de couper court aux sources des désirs.

L'insouciance est à la tête du péché et n'a comme remède que le repentir qui se compose de la douceur de la science mêlée à l'amertume de la patience, tout comme la limonade[1] se compose de la douceur du sucre mélangée à l'amertume du vinaigre, ce qui vient à bout de la jaunisse.

Les médecins de cette maladie sont les savants, car elle se situe dans le cœur et l'âme plus que dans le corps. Une telle maladie grandit avec :

Premièrement : le fait que le malade ignore qu'il est atteint.

Deuxièmement : le fait que les conséquences ne soient pas visibles ici-bas, contrairement aux maladies du corps

1 Le Shikanajabine était un sirop sucré et amer originaire de Perse.

qui causent une mort considérée comme étant naturelle et à laquelle on peut assister, alors que ce qui se passe après la mort ne peut être observé. Ainsi, l'aversion envers les péchés ressentie par le coupable est faible, et on peut donc le voir simplement se reposer sur la grâce d'Allah concernant les maladies du cœur, alors qu'il lutte pour guérir le corps sans simplement s'en remettre à Allah.

Troisièmement : le mal incurable qu'est la perte des médecins qui sont les savants. Ils sont tombés également malades durant notre époque à cause du mal destructeur de l'amour de ce bas monde. Ce mal a dominé les médecins. Ils sont incapables de mettre en garde les créatures contre lui, car ils craignent qu'on leur dise : « Pourquoi enseignez-vous aux gens de se soigner alors que vous oubliez vos propres personnes ? ». C'est une des raisons pour lesquelles la maladie s'est répandue et le remède a échoué.

Si l'on demande : « Quelle attitude le prédicateur doit-il adopter ? »

La réponse est longue, mais nous allons tout de même indiquer des actes bénéfiques de quatre types.

Le premier consiste à mentionner les versets du Coran qui font naître l'effroi dans les cœurs des désobéissants. Il convient également de mentionner ce qui a été rapporté de similaire en matière de récits et de ahadiths en parallèle de l'éloge des repentants.

Le deuxième se compose de l'évocation des récits des Prophètes (paix sur eux) et des Pieux Prédécesseurs, ainsi que des calamités qui les ont frappés. Ceci à l'exemple d'Adam (paix sur lui) et de la façon dont sa désobéissance l'a conduit à être expulsé du Paradis. De même, ce qui est arrivé à David, Salomon et Joseph, ainsi que les autres leçons similaires mentionnées par le Coran. Leur succès a résidé dans le remède de ces maux.

Puisque le châtiment de l'Au-delà est plus intense, il convient que le prédicateur insiste à ce sujet pour le bien de ceux qui persistent dans le péché, car cela est utile pour inciter au repentir.

Le troisième consiste à faire admettre que le châtiment immédiat dans cette vie est imminent, car toutes les épreuves qui affligent le serviteur dans cette vie sont dues à ses péchés.

Il se peut qu'un serviteur ne s'inquiète pas du châtiment de l'Au-delà, alors qu'il craint le châtiment d'ici-bas en raison de son ignorance.

Les conséquences des péchés peuvent être hâtées ici-bas, car le Prophète (paix sur lui) a dit : ***« Le serviteur peut être privé de subsistance en raison d'un péché qu'il commet. »***[1]

Al-Fudayl Ibn 'Iyad a dit : « Quand je désobéis à Allah, j'en vois les conséquences dans le comportement de mon âne et de mon servant. »

Abu Sulayman Al-Darami a dit : « Les éjaculations nocturnes sont un châtiment et manquer la prière en groupe est une conséquence d'un péché commis. »

D'après Abu Hurayrah (qu'Allah l'agrée), le Messager d'Allah (paix sur lui) a dit : ***« Lorsqu'un croyant commet un péché, une tâche noire se grave dans son cœur. S'il se repent, le délaisse et demande pardon à Allah, son cœur***

1 *Da'if Al-Jâmi'.*

sera purifié. C'est la rouille qu'Allah mentionne dans Son Livre lorsqu'Il dit :

« Non ! Une rouille recouvre plutôt leur cœur en raison de ce qu'ils commettaient »[1] ».[2]

Al-Hasan a dit : « La bonne action est une lumière dans le cœur et une force dans le corps. La mauvaise action est une obscurité dans le cœur et une faiblesse dans le corps. »

Le quatrième consiste à mentionner les châtiments liés à un péché comme la consommation d'alcool, le meurtre, l'envie et la médisance.

Le prédicateur doit être un médecin connaissant la maladie et sachant composer le remède.

Un homme demanda au Prophète (paix sur lui) : « Conseille-moi ».
Le Prophète (paix sur lui) répondit : « Ne te mets pas en colère. »[3]

Un autre homme demanda au Prophète (paix sur lui) : « Conseille-moi. ».
Le Prophète (paix sur lui) répondit : « Désespère de ce que les gens possèdent. »[4]

C'est comme si le Prophète (paix sur lui) avait décelé une nature colérique chez le premier homme, et une nature envieuse chez le second.

---

1 Sourate 83 : Les Fraudeurs, verset 14.
2 *Sahih Al-Jami'.*
3 Rapporté par Al-Boukhari.
4 *As-Sahihah.*

Ce que nous avons mentionné ici est le remède contre l'insouciance. Il ne reste que le remède au désir que nous avons déjà détaillé dans le livre de l'éducation de l'âme.

Nous y avons expliqué que la patience est nécessaire, car le mal ne se prolonge qu'à cause du fait que le malade persiste à accomplir ce qui lui nuit.

Ce qui le pousse à cela est son désir intense ou son insouciance à propos de ce qui lui nuit. L'amertume de la patience est donc nécessaire. C'est de cette façon qu'il doit traiter son désir pour la désobéissance, comme pour le jeune qui, dominé par le désir, ne parvient plus à préserver ses yeux, son cœur et ses membres de l'assouvir.

Il sera alors approprié de mentionner constamment ce qui éveille la crainte dans les versets que l'on trouve dans le Livre d'Allah, ainsi que dans la Sounnah de Son Messager (paix sur lui). Si sa crainte s'intensifie, il se montrera plus distant vis-à-vis des causes qui stimulent le désir.

De l'extérieur, ce qui attise le désir repose sur la présence de ce qui est désirable et sur le fait de le regarder. Le remède se compose de la faim et du jeûne constant. Ceux-ci ne peuvent être obtenus que par la patience et il n'y a pas de patience sans crainte.

La crainte ne s'obtient que par le savoir et on ne sait que par clairvoyance. La première chose consiste donc à assister aux assises de rappel et d'écouter avec un cœur vide de toute préoccupation. Ensuite, il convient de méditer sur ce qui est dit [dans les assises] ce qui stimulera la crainte et rendra la patience facile tout en cherchant le remède. Et l'attribution de la réussite par Allah est derrière tout cela.

S'il est dit : « Quelle est la situation de celui qui tombe dans un péché tout en ayant connaissance de ses viles conséquences ? »

La réponse est : « Le châtiment promis n'est à ce moment pas encore concret. »

Une autre réponse est : « Le croyant, s'il tombe dans le péché, doit émettre la ferme résolution de se repentir, car il lui a été promis que le repentir annule ce qui a été commis avant. Cependant, les longs espoirs dominant la nature humaine, il reporte le repentir, et en espérant le repentir, il s'adonne au péché. »

Voilà encore une autre réponse : « Il espère le pardon d'Allah. Le remède de ces causes réside dans le fait qu'il médite sur tout ce qui a été accompli récemment et sur le fait qu'il n'est pas à l'abri d'une mort imminente. Il guérit la procrastination en pensant aux cris des gens du Feu en raison de leur remise à plus tard, car celui qui remet à plus tard fonde ses espoirs sur ce qu'il ne possède pas, c'est-à-dire la vie éternelle. Il se peut qu'il ne demeure pas en vie, et qu'il ne puisse pas mettre fin à ce qu'il fait demain comme il peut le faire aujourd'hui. Son incapacité à s'écarter des péchés ne le quittera pas demain. Plutôt, il va s'accoutumer au péché et c'est de cette manière que ceux qui ont reporté le repentir ont été détruits, car ils s'imaginaient différents de ceux qui obéissent.

Celui qui reporte le repentir est tel celui qui veut couper un arbre et se rend compte de sa solidité. Il comprend qu'il ne pourra être déraciné qu'avec grande difficulté. Il dit alors « Je reporte cette tâche d'une année, puis je reviendrais. ». Cependant, il ignore qu'avec le temps les racines de l'arbre se renforcent. Quant à lui, plus sa vie s'allonge, plus il faiblit. On peut s'étonner de son incapacité à le déraciner alors qu'il est fort et l'arbre faible : comment peut-il penser y parvenir lorsqu'il sera plus faible et l'arbre plus fort ?

Quant au fait d'attendre le Pardon d'Allah, il est vrai que le Pardon d'Allah est possible, mais l'homme doit faire preuve de détermination. Ceci est à l'exemple de l'homme qui dépense tous ses biens en aumône, mais néglige sa propre personne ainsi que sa famille. Il attend qu'Allah lui délivre un trésor directement dans sa poche. Cela est possible, mais cet homme serait considéré comme stupide, et Allah sait mieux.

Chapitre 2 : La patience et la reconnaissance

Ce chapitre est composé de deux parties. La première expose les mérites et la nature de la patience, ainsi que ses types.

Allah a mentionné la patience dans le Coran dans environ quatre-vingt-dix endroits. Il a attribué la plupart des rangs et des récompenses à la patience, faisons d'eux ses fruits.

Allah a dit :

« Nous avons élu parmi eux des guides qui dirigeaient par Notre Ordre, aussi longtemps qu'ils patientaient »[1]

Et Il a dit :

« Et la très belle promesse de ton Seigneur sur les fils d'Israël s'accomplit en récompense de leur patience »[2]

De même :

« Et nous récompenserons ceux qui ont patienté en fonction du meilleur de leurs œuvres »[3]

Et Il a dit :

---

1 Sourate 32 : La Prosternation, verset 24.

2 Sourate 7 : Al-A'raf, verset 137.

3 Sourate 16 : Les Abeilles, verset 96.

« Les patients auront leur pleine récompense sans compter »[1]

Tout acte nous rapprochant d'Allah correspond à une récompense d'une mesure fixe et déterminée, à l'exception de la patience. C'est en raison du fait que le jeûne relève de la patience qu'Allah a dit :

« Toutes les œuvres du fils d'Adam sont pour lui, sauf le jeûne, car il M'appartient, et c'est Moi qui le récompenserai. »[2]

Allah a promis aux patients qu'Il sera avec eux. Il a rassemblé pour le patient ce qu'Il n'a réuni pour aucun autre.

Allah a dit :

« Ceux-là reçoivent des bénédictions de leur Seigneur, ainsi que la miséricorde; et ceux-là sont les biens guidés. »[3]

Les versets à ce sujet sont nombreux. Quant aux ahadiths, on trouve dans les deux *Sahihs* le hadith rapporté par Abu Sa'id Al-Khudri (qu'Allah l'agrée) que le Prophète (paix sur lui) a dit :

« Personne n'a reçu de meilleur et de plus grand don que la patience. »[4]

Dans un autre hadith : ***« La patience est à la foi ce que la tête est au corps. »***[5]

1 Sourate 39 : Les Groupes, verset 10.
2 Rapporté par Al-Boukhari & Muslim.
3 Sourate 2 : La Vache, verset 157.
4 Rapporté par Al-Boukhari & Muslim.
5 *Da'if Al-Jami'* (3535).

Al-Hasan a dit : « La patience est un trésor parmi les trésors du bien. Allah, Le Puissant et Le Majestueux, ne l'attribue qu'au serviteur bon. »

Certains sages avaient pour habitude de mettre un bout de papier dans leur poche qu'ils lisaient toutes les heures et sur lequel était écrit :

« Et patiente sur l'ordre de ton Seigneur, car tu es certes sous Nos yeux. »[1]

Sache que la patience est une caractéristique humaine. On ne peut imaginer que les animaux la possèdent étant donnée leur déficience [en matière de raison] et le fait qu'ils soient gouvernés par leurs désirs qui les dominent.

Il est également inconcevable d'attribuer la patience aux anges étant donnée leur perfection, car ils n'ont pour seule envie que la présence de leur Seigneur. Aucun désir ne les domine ni ne les détourne de la présence du Majestueux. Donc, ils n'ont aucun besoin d'y opposer un élément pour s'y soustraire.

Quant aux humains, ils ont été créés déficients en enfance comme les animaux, n'ayant de désir que pour la nourriture dont ils ont besoin.

Ensuite apparait le désir pour le jeu, puis pour les parures, puis pour les relations sexuelles sans qu'ils aient la force d'être patients.

Lorsque la raison s'éveille et se renforce, les premiers rayons de la lumière de la guidée émergent à l'âge du discer-

1 Sourate 52 : Al-Tur, verset 48.

nement entre le bien et le mal et se développent jusqu'à la puberté, à l'image de la lumière de l'aube qui apparait jusqu'à ce que le soleil se lève.

Cependant, il s'agit d'une guidance restreinte qui ne mène à aucun bienfait dans l'au-delà. En revanche, si elle se connecte à la compréhension de la Législation Divine, elle donne un aperçu de ce qui est lié à l'au-delà et ses bienfaits augmentent alors.

La nature humaine penche vers ce qu'elle aime, mais la Législation Divine et la raison lui font face. Une guerre éclate entre les deux camps et prend pour champ de bataille le cœur du serviteur.

La patience est donc l'expression d'une détermination religieuse ferme qui fait face à l'appel des désirs. Celui qui se montre endurant jusqu'à vaincre ses désirs est inclus parmi les patients. En revanche, celui qui faiblit au point que ses désirs le dominent et qui ne s'est pas montré patient dans le fait de les repousser sera inclus parmi les suiveurs des démons.

S'il est établi que la patience est l'expression d'une détermination religieuse ferme face à l'appel des désirs, alors cette résistance fait partie des caractéristiques propres aux êtres humains.

1 - Les types de patience

Sache que la patience est de deux types.

Le premier est physique, comme dans le fait de supporter les difficultés du corps avec constance dans l'accomplissement des actes d'adoration ou autre.

Le second est interne et s'applique aux envies futiles et aux désirs. Lorsque ce type de patience concerne la résistance aux désirs du ventre et du sexe, il est nommé « chasteté ».

Lorsqu'il concerne la patience dans le combat, il est appelé « bravoure ».

Quand il fait référence au fait de contenir la colère, il est nommé « indulgence ».

Lorsqu'il réfère à de pénibles épreuves, il est nommé « acceptation ».

Lorsqu'il s'agit de cacher une chose, on le nomme « préservation des secrets ».

Lorsqu'il est en rapport avec le fait de mener une vie simple, on l'appelle « ascétisme ».

Quand il réfère au fait de vivre selon de modestes moyens, on l'appelle « contentement ».

Lorsqu'il s'agit de malheur, alors le nom « patience » est utilisé seul.

Ce que nous venons de mentionner démontre que la plupart des attributs de la foi se trouvent dans la patience, même si les noms diffèrent selon les facteurs.

Sache que le serviteur ne peut se passer de la patience, quelle que soit la situation. En effet, tout ce que le serviteur rencontre ici-bas relève de deux éléments.

Le premier correspond à ce qui est en harmonie avec ses désirs à l'exemple de la bonne santé, de la sécurité, des biens, de la renommée, du fait d'avoir une grande famille, de nombreux partisans, ainsi que de tous les plaisirs de ce monde. Le serviteur a besoin de la patience face à tout cela afin de ne pas s'y fier ni d'y succomber totalement. Il doit maintenir les droits d'Allah concernant ses biens en dépensant dans le sentier d'Allah et concernant son corps en venant en aide aux autres.

S'il ne se maîtrise pas en y succombant totalement, il sera rabaissé et transgressera, au point que certains sages ont dit : « Le croyant est patient face au malheur, mais seul le véridique est patient dans l'aisance. ».

'Abd Al-Rahman Ibn 'Awf (qu'Allah l'agréé) a dit : « Nous avons été éprouvés par l'affliction et nous avons été patients, puis nous avons été éprouvés par l'aisance et nous n'avons pas patienté. »

En raison de cela, Allah a dit :

« Ne soyez pas distraits du rappel d'Allah par vos biens et vos enfants. »[1]

Et Il a dit :

---

1 Sourate 63 : Les Hypocrites, verset 9.

« Sachez que vos biens et vos enfants ne sont qu'une tentation. »[1]

« Vos épouses et vos enfants sont pour vous des ennemis. Prenez-y garde. »[2]

L'homme véritable est celui qui patiente dans l'aisance. Ce type de patience est relié à la gratitude et ne se perfectionne que par l'application du droit de la gratitude.

La patience dans l'aisance est difficile, car elle dépend de la capacité de la personne. Il est plus facile pour un affamé d'avoir la capacité de supporter sa faim lorsque la nourriture n'est pas disponible que lorsqu'un plat délicieux lui est présenté.

Le second élément correspond à ce qui s'oppose au désir. Il se compose de trois catégories.

La première est constituée des actes d'adoration. Le serviteur a besoin de patience pour les accomplir, car l'âme, par sa nature, n'aime pas la servitude.

Le serviteur doit se montrer patient dans l'accomplissement des actes d'adoration qu'il répugne en raison de la paresse, comme la prière, en raison de l'avarice, comme la Zakât, et en raison des deux à la fois, comme le pèlerinage et le combat dans le sentier d'Allah.

L'obéissant a besoin de patience durant trois étapes :

La première qui précède l'acte d'adoration. Il s'agit ici de corriger l'intention, d'être sincère et de patienter face aux

1 Sourate 8 : Le Butin, verset 28.

2 Sourate 64 : La Grande Perte, verset 14

pièges de l'ostentation.

La seconde qui est constituée de l'acte en lui-même. Il faut éviter de se montrer insouciant vis-à-vis d'Allah ou de négliger la bonne attitude et les pratiques recommandées. Il doit se montrer patient du début à la fin de l'acte.

La troisième qui se situe après l'accomplissement de l'œuvre. Il convient de patienter dans le fait de désirer la révéler et l'exposer dans un objectif d'ostentation et de gain de renommée. Il faut faire preuve de patience face à tout ce qui pourrait annuler l'acte. Celui qui ne peut pas patienter, après avoir fait l'aumône, face à la tentation du rappel du bienfait et face à la nuisance, son aumône sera invalidée.

La seconde catégorie concerne la patience face aux péchés, et combien le serviteur en a besoin !

Lorsqu'un acte est facile à accomplir, à l'exemple des péchés de la langue tels que la médisance, le mensonge, la polémique et tout ce qui est similaire, il est difficile de faire preuve de patience. Tu peux voir en effet un homme porter de la soie et calomnier les gens toute la journée sans que sa conduite soit désapprouvée.

Celui qui est incapable de contrôler sa langue en discutant et qui n'est pas capable de faire preuve de patience, rien ne peut lui venir en aide, à l'exception de la solitude.

La troisième catégorie concerne ce face à quoi on ne possède absolument aucun pouvoir de choisir. Ceci à l'exemple des malheurs tels que la mort d'un être aimé, la perte de biens, la perte de la vue, la perte de la santé et toute autre sorte d'affliction. L'endurance lors de ces situations fait partie des plus hauts degrés de patience, car elle inculque la certitude.

Le Prophète (paix sur lui) a dit : *« Celui pour qui Allah veut le bien, Il l'éprouve. »*[1]

La patience face aux torts commis par les gens fait aussi partie des plus hauts degrés.

Allah a dit :

« Mais si vous êtes endurants et pieux... voilà bien la meilleure résolution à prendre. »[2]

« Et Nous savons certes que ta poitrine se serre, à cause de ce qu'ils disent. »[3]

« Et si vous endurez... cela est certes meilleur pour les endurants. »[4]

Il a été rapporté que le Prophète (paix sur lui) a dit :

« La patience est de trois : la patience face au malheur, la patience dans l'obéissance et la patience face à la désobéissance.

Celui qui patiente face au malheur jusqu'à ce qu'il le repousse de la meilleure des manières, Allah l'élèvera de trois cents degrés, la distance entre chaque degré étant égale à celle entre les cieux et la terre.

Celui qui se montre patient dans l'obéissance aura six cents degrés écrits pour lui, chaque degré équivalant à la distance entre la terre et le Trône.

---

1 Rapporté par Al-Boukhari.

2 Sourate 3 : La Famille de 'Imran, verset 186.

3 Sourate 15 : Al-Hijr, verset 97.

4 Sourate 16 : Les Abeilles, verset 126.

Celui qui patiente face à la désobéissance lui seront inscrits neuf cent degrés, la distance entre chaque degré étant équivalente à deux fois la distance entre la terre et le Trône. »[1]

Les ahadiths traitant des mérites de la patience sont nombreux. En voici un exemple.

'Aishah (qu'Allah l'agrée) a dit :
« Le Messager d'Allah (paix sur lui) a dit :
« Nul malheur ne frappe un musulman sans qu'Allah ne lui expie une faute par cela, jusqu'à l'épine qui le pique. »[2]

Dans un autre hadith : ***« Nul musulman n'est frappé par un malheur, la maladie, la faim, la fatigue, le chagrin, le préjudice ou le souci sans qu'Allah n'expie ses péchés par cela. »***[3]

Et dans un autre hadith : ***« Le malheur ne cesse de s'abattre sur un musulman ou une musulmane, dans son corps, ses biens ou ses enfants, sans qu'ils rencontrent Allah dépourvu de tout péché. »***[4]

Sa'd Ibn Abi Waqqas (qu'Allah l'agrée) a dit :
« J'ai dit : « Ô Messager d'Allah, qui sont ceux qui sont le plus éprouvés ? »
Il (paix sur lui) répondit : « Les Prophètes, puis les vertueux, puis ceux qui leur ressemblent le plus, puis ceux qui leur ressemblent le plus. L'homme est éprouvé selon sa religion. Si sa religion est forte, l'épreuve est augmentée, si sa religion est faible, l'épreuve est diminuée. Le malheur ne

---

1 Da'if Al-Jami'.
2 Rapporté par Al-Boukhari & Muslim.
3 Rapporté par Al-Boukhari & Muslim.
4 *Sahih Al-Jami'.*

cesse de s'abattre sur un serviteur jusqu'à ce qu'il marche sur terre sans aucun péché. »[1]

On rapporte que le Prophète (paix sur lui) a dit :
« Allah a dit : « Si l'un de Mes serviteurs est éprouvé dans son corps, ses biens ou ses enfants et fait preuve d'une belle patience, Je serais gêné, au Jour de la Résurrection, de le soumettre à la Balance et de déployer son registre. »[2]

1 *Sahih Al-Tirmidhi.*
2 *Da'if Al-Jami'.*

2 - La bienséance dans la patience

Parmi les règles de bienséance relatives à la patience se trouve le fait de la manifester dès le début de l'épreuve. Cela est basé sur la parole du Prophète (paix sur lui) : ***« La patience ne se manifeste qu'au premier choc. »***[1]

On compte également parmi ces règles le fait de dire : ***« C'est à Allah que nous appartenons et c'est à Lui que nous retournerons. ».*** Ceci est basé sur le hadith d'Oum Salamah (qu'Allah l'agrée)[2].

Ajoutons le calme du corps et de la langue. En revanche, pleurer est permis.

Fait partie de la bonne patience que de ne pas révéler l'impact de l'épreuve sur soi, ***comme le fit Oum Soulaym, l'épouse d'Abu Talhah, lorsque son fils mourut.***[3]

Thabit Al-Bunani a dit : « 'Abd Allah Ibn Mutarrif mourut et Mutarrif [son père] se rendit auprès des siens, parfumé et vêtu d'un bel habit. Les gens se mirent en colère et dirent : « 'Abdullah est mort, et tu as l'audace de sortir parfumé et aussi bien vêtu ?! ». Mutarrif dit : « Devrais-je me soumettre à la détresse ? Mon Seigneur m'a promis trois choses, chacune d'entre elles étant plus chère à mes yeux que le monde et tout ce qu'il contient. Allah a dit :

1 Rapporté par Al-Boukhari & Muslim.
2 Rapporté par Muslim.
3 Rapporté par Al-Boukhari & Muslim.

« Qui disent, quand un malheur les atteint : «Certes nous sommes à Allah, et c'est à Lui que nous retournerons». Ceux-là reçoivent des bénédictions de leur Seigneur, ainsi que la miséricorde; et ceux-là sont les biens guidés. »[1] »

Puis, Mutarrif ajouta : « Quoique ce soit qu'Allah me donnera dans l'au-delà, même si cela équivaut à la quantité d'un verre d'eau, vaut la peine que cela me soit retiré dans cette vie. » »

Silah Ibn Ashaym se trouvait dans une expédition militaire en compagnie de son fils. Il lui dit : « Ô mon fils ! Pars et combats afin que je sois récompensé par Allah. ». Il partit et combattit jusqu'à ce qu'il fut tué. Puis Silah s'avança et combattit jusqu'à ce qu'il fut tué. Les femmes se réunirent autour de la mère Mu'adhah Al-'Adawiyyah qui leur dit : « Si vous vous êtes toutes réunies pour me féliciter, alors vous êtes les bienvenues, mais si vous êtes venues pour autre chose, alors vous pouvez toutes vous en aller dès maintenant. »

S'il est possible de cacher le malheur, alors cela est préférable de la même manière que l'on garde secrets les bienfaits d'Allah.

Abu Hurayrah (qu'Allah l'agréé) rapporte que le Prophète (paix sur lui) a dit : ***« Quand le serviteur tombe malade, Allah lui envoie deux anges. Allah dit aux anges : « Écoutez ce qu'il dit à ceux qui le visitent. ». S'il loue Allah quand ils le visitent, cela est rapporté à Allah qui est déjà au courant. Allah dira : « Si mon serviteur meurt, Je le ferais entrer au Paradis, et si Je le guéris, je lui donnerais un corps et un sang meilleur, et J'expierais ses péchés. » »***[2]

---

1 Sourate 2 : La Vache, versets 156-157.

2 *Sahih Al-Targhib.*

'Ali (qu'Allah l'agréé) a dit : « Compte dans la glorification d'Allah et la compréhension de Son droit, le fait que tu ne te plaignes pas de ta douleur ni ne mentionnes ton affliction. »

Al-Ahnaf a dit : « J'ai perdu ma vue il y a quarante ans, et Je ne l'ai jamais mentionné devant quiconque. »

Un homme dit à l'imam Ahmad Ibn Hanbal : « Comment vas-tu ? »
L'imam répondit : « En bonne santé. »
L'homme dit : « As-tu eu de la fièvre hier ? »
L'imam répondit : « Il te suffit de savoir que je suis en bonne santé. Ne me pousse pas vers ce que je n'aime pas [c'est-à-dire la plainte]. ».

Al-Shaqiq Al-Balkhi a dit : « Quiconque se plaint d'un malheur à un autre qu'Allah ne goûtera jamais à la douceur de l'obéissance à Allah dans son cœur. ».

Certains sages ont dit : « Parmi les trésors de la piété se trouve le fait de cacher une épreuve. ».

Ils [les Pieux Prédécesseurs] se montraient heureux face aux épreuves, car ils espéraient la récompense de les avoir supportées. Voici quelques récits à ce sujet.

Il a été rapporté que lorsque son fils 'Abd Al-Malik mourut, 'Umar ibn 'Abd Al-'Aziz l'enterra. 'Umar resta debout pendant un moment et les gens se réunirent autour de lui. Il dit : « Qu'Allah te fasse miséricorde mon fils ! Tu étais respectueux envers ton père. Par Allah, je n'ai jamais cessé d'être satisfait de toi depuis qu'Allah t'a offert à moi. Désormais, je suis encore plus satisfait de toi que je ne l'ai jamais été ! ».

S'il est dit : « Si le but de la patience est de ne pas détester les épreuves, alors les humains sont incapables de supporter cela. Et si le but est, comme vous le dites, de s'en réjouir, alors cela est encore plus improbable ! ».

La réponse est : la patience ne concerne que les choses aimées et détestées. Les troubles intérieurs ne sont pas interdits. Plutôt, c'est l'exagération qui est interdite, comme le fait de déchirer ses vêtements ou de tenir des propos incorrects. Quant à ce que nous avons mentionné plus haut concernant la façon dont certains se réjouissaient, il s'agit là d'une joie issue de la Législation Divine, et non pas une joie naturelle, car la nature penche vers l'aversion envers les épreuves et les afflictions.

Cela est à l'image du malade qui connaît un remède amer à sa maladie. Il déploie des efforts pour le trouver et dépense beaucoup d'argent afin de l'obtenir. Lorsqu'il guérit, il en est satisfait et se réjouit de l'avoir pris en raison de la bonne santé qui en résulte. Cependant, sa nature déteste la consommation de ce remède, et cela est la base.

De même, si un roi devait dire à un pauvre : « Si tu es capable de patienter sur le fait que je te frappe avec ce bâton, je t'offrirais mille dinars pour chaque coup. ». Le pauvre serait ravi d'être battu ! Non pas, car cela ne le blesse pas, mais en raison de ce qu'il anticipe comme résultat final, même si les coups sont durs pour lui.

Ainsi, les Pieux Prédécesseurs anticipaient également la récompense d'Allah. C'est alors que les épreuves et les afflictions s'affaiblissaient à leurs yeux.

3 - La patience en tant que remède

Sache que Celui qui a descendu la maladie a également fait descendre le remède et a promis qu'il existait une guérison. La patience, bien qu'elle soit difficile, peut être pratiquée lorsqu'elle est mélangée à la connaissance et à l'action.

Les remèdes des maladies du cœur sont composés de tous ces éléments et chaque maladie a besoin de la connaissance et de l'action appropriées à elle, car quand les maladies diffèrent, leurs remèdes diffèrent aussi.

Le sens du remède est donc : « l'opposition à une maladie. » Citons l'exemple suivant : si une personne trouve difficile de patienter face au désir sexuel et qu'il la domine au point qu'elle ne peut protéger ses parties intimes, son cœur ou ses yeux, alors le remède se compose de trois éléments.

Le premier consiste à pratiquer le jeûne et à le rompre avec une petite quantité de nourriture.

Le second est de rompre avec les causes qui nourrissent ce désir, tel que le regard. En effet, le regard agite le cœur et le cœur agite le désir. Cela peut être atteint par la solitude et la prudence dans les moments où les formes désirées sont aperçues. Le regard est une flèche empoisonnée parmi les flèches du diable. Personne ne peut s'en prémunir, sauf en fermant les yeux ou en fuyant la direction de son tir.

Le troisième élément consiste à divertir l'âme par des relations sexuelles permises, et cela s'accomplit à travers le mariage.

Tout ce qui est désiré par la nature humaine est disponible dans ce qui est permis et qui est du même genre. Pour la plupart des gens, il s'agit du remède le plus efficace. Pour la plupart des hommes, se priver de nourriture affaiblit l'appétit sans pour autant forcément le supprimer.

L'homme doit lutter contre lui-même, s'opposer sévèrement à ses désirs et être en mesure de les contrôler comme il le veut.

Sache que le type de patience et d'effort le plus intense consiste à se restreindre intérieurement de ce vers quoi l'âme appelle. Cela est encore plus difficile pour le dévot solitaire.

Les insufflations ne cesseront de l'attirer et ils ne détiennent aucun remède en dehors de rompre avec les attaches [mondaines] et de méditer sur le royaume des cieux et de la terre, sur les merveilles de la création d'Allah et sur toutes les voies de la connaissance d'Allah, jusqu'à ce que cela domine son cœur et repousse les tentations du diable et ses insufflations.

Si ce cheminement intérieur n'est pas emprunté, le serviteur ne sera pas sauvé, sauf en liant cela à la récitation régulière [du Coran], au rappel et à la prière. Il a également besoin d'un cœur attentif, car seule la réflexion intérieure apaise le cœur, plutôt que la récitation régulière extérieure. Tout cela est possible par la lutte et l'effort.

Quant aux récompenses récoltées, elles proviennent des bienfaits d'Allah. Ceci à l'exemple de la chasse et de la pêche : l'effort peut-être minime et le gain énorme, mais l'inverse est également possible.

Ainsi, tous ces efforts sont sujets à la gestion du Tout-Miséricordieux et leurs limites ne se restreignent pas aux choix du serviteur. Il doit retirer de son cœur l'attirance envers ce bas monde, car ce qui attire la plus basse des choses est différent de ce qui attire la plus élevée.

Rompre avec ce qui attire est le principe visé par la parole du Prophète (paix sur lui) : *« **Certes, votre Seigneur vous octroie des souffles tout au long de votre existence, alors exposez-vous-y !** »*[1]

Nous devons donc vider les lieux et attendre la descente de la miséricorde, à l'image de celui qui prépare une terre en retirant les mauvaises herbes et semant les graines. Cela ne lui sera profitable que si la pluie survient. Or, on ne sait pas quand Allah décrètera les causes pour que la pluie tombe. Cependant, l'agriculteur a confiance en la grâce d'Allah afin qu'une année ne passe pas sans que la pluie ne tombe. De la même façon, il est rare qu'une année passe en étant dénuée de tout bienfait.

Le serviteur doit avoir un cœur purifié des mauvaises herbes des désirs. Puis, il doit planter les graines de la volonté et de la sincérité. Ensuite, il les expose aux vents de la miséricorde. Alors, de même que les graines se renforcent par la pluie pendant les saisons appropriées, il attendra la venue de ces moments nobles durant lesquels le cœur s'éveille, à l'exemple du jour de 'Arafah, des vendredis, et du mois du Ramadan. En effet, la détermination spirituelle et l'ambition sont des moyens décrétés par Allah afin d'attirer Sa miséricorde.

---

1 *Da'if Al-Jami'.*

4 - Les mérites de la reconnaissance

Allah a dit :

« **Et Nous récompenserons les reconnaissants.** »[1]

« **Pourquoi Allah vous châtierait-Il si vous êtes reconnaissants et croyants ?** »[2]

« **Peu de Mes serviteurs sont reconnaissants.** »[3]

Allah dit qu'Il accorde plus lorsqu'on fait preuve de reconnaissance :

« **Si vous êtes reconnaissants, J'augmenterais [Mes bienfaits] sur vous.** »[4]

Il ajoute que par Sa Volonté, Il donnera encore plus :

« **Allah vous enrichira de Sa grâce, s'Il veut** »[5]

« **Il dissipera le malheur pour lequel vous L'invoquez, s'Il veut** »[6]

« **Et Allah dispense [Sa grâce] à qui Il veut.** »[7]

---

1 Sourate 3 : La Famille de 'Imran, verset 145.
2 Sourate 4 : Les Femmes, verset 147.
3 Sourate 34 : Saba, verset 13.
4 Sourate 14 : Ibrahim, verset 7.
5 Sourate 9 : Le Repentir, verset 28.
6 Sourate 6 : Les Bestiaux, verset 41.
7 Sourate 2 : La Vache, verset 212.

« Il pardonne, pour une chose moindre, à qui Il veut. »[1]

« Allah accueille le repentir de qui Il veut. »[2]

Étant donné la valeur élevée de la reconnaissance, Iblis critiqua les humains en disant :

« Et, pour la plupart, tu ne les trouveras pas reconnaissants. »[3]

Il a été rapporté que ***le Prophète (paix sur lui) resta en prière la nuit jusqu'à ce que ses pieds enflèrent et se craquelèrent. 'Aishah (qu'Allah l'agrée) lui dit : « Ô Messager d'Allah, pourquoi fais-tu cela, alors qu'Allah t'a pardonné tes péchés passés et futurs ? ».***

Le Prophète (paix sur lui) répondit : « Ne serais-je pas un serviteur reconnaissant ? »[4]

D'après Mu'adh (qu'Allah l'agrée), le Prophète (paix sur lui) a dit : ***« Certes, je t'aime. Alors dit :***

« Ô Allah, aide-moi à me rappeler de Toi, à Te remercier et à T'adorer de la meilleure façon. » »[5]

---

1 Sourate 4 : Les Femmes, verset 48.
2 Sourate 9 : Le Repentir, verset 15.
3 Sourate 7 : Al-A'raf, verset 17.
4 Rapporté par Al-Boukhari & Muslim.
5 *Sahih Abu Dawud.*

5 - La reconnaissance par le cœur, la langue et les membres

La reconnaissance est liée au cœur, à la langue et aux membres.

Le cœur doit viser le bien en direction de toutes les créatures. La langue doit exprimer la reconnaissance en louant Allah. La reconnaissance des membres s'exprime en utilisant les bienfaits d'Allah dans son obéissance et dans le fait de s'éloigner de la désobéissance.

Le reconnaissance par les yeux consiste à dissimuler tout ce qu'ils voient comme défaut chez un musulman. La reconnaissance par les oreilles consiste à cacher tout défaut qu'ils entendent chez un musulman. Tout cela est inclus dans la reconnaissance des membres.

La reconnaissance par la langue consiste à exprimer de la satisfaction envers Allah ; tel qu'Il l'a ordonné. Ainsi, le Prophète (paix sur lui) a dit :

« Mentionner les bienfaits est une forme de reconnaissance et s'en abstenir est une forme d'ingratitude. »[1]

Il a été rapporté que deux hommes vertueux parmi les Ansars se rencontrèrent.
L'un dit à l'autre : « Comment vas-tu aujourd'hui ? »
L'autre répondit : « Al-Hamdoulillah. »
Le Prophète (paix sur lui) dit alors : « Dites de même. »[2]

---

1 *Sahih Al-Jami'.*

2 Rapporté par Ahmad. La chaîne de transmission est jugée faible par Al-Arna'ut.

Il a été rapporté qu'un homme salua 'Umar Ibn Al-Khattab (qu'Allah l'agrée). 'Umar le salua en retour et dit à l'homme : « Comment vas-tu ce matin ? ».
L'homme répondit : « Je loue Allah ! »
'Umar dit alors : « C'est ce que je voulais entendre. »[1]

Les Pieux Prédécesseurs avaient pour habitude de s'interroger de cette manière dans le but d'exprimer de la reconnaissance envers Allah. Ainsi, celui qui se montre reconnaissant envers Allah fait partie de ceux qui lui obéissent.

1 *Al-Muwatta.*

6 - La reconnaissance ne peut se réaliser qu'en comprenant ce qu'Allah aime

Sache que se montrer reconnaissant et délaisser l'ingratitude ne se perfectionne qu'en comprenant ce qu'Allah aime. En effet, la reconnaissance signifie utiliser Ses bienfaits dans ce qu'Il aime. L'ingratitude signifie le contraire de cela, soit en délaissant [le bienfait], soit en l'utilisant dans ce qu'Allah réprouve.

Deux sens permettent de distinguer ce qu'Allah aime de ce qu'Il déteste.

Le premier est l'ouïe comme cela est transmis par les versets [du Coran].

Le second est la clairvoyance du cœur. Elle consiste à voir avec l'œil de la considération.

Ainsi, Allah a envoyé les messagers pour rendre la voie facile à l'humanité. Ce savoir est celui qui englobe toutes les lois gouvernant les actes des serviteurs. En effet, celui qui ne suit pas les dispositions religieuses dans tous ses actes ne pourra jamais être véritablement reconnaissant.

Regarder avec l'œil de la considération consiste à comprendre la sagesse d'Allah dans tout ce qu'Il a créé. En effet, Allah n'a pas créé une chose en ce monde sans qu'elle ne renferme une sagesse derrière laquelle se trouve un but et le but est ce qui est aimé [par Allah].

La sagesse se divise en ce qui est apparent et ce qui est caché.

Concernant ce qui est apparent, cela est à l'exemple du fait de savoir que la sagesse derrière la création du soleil consiste à permettre l'apparition de la nuit et du jour. Le jour est consacré à la recherche de la subsistance et la nuit au repos. Voilà l'une des sagesses derrière l'existence du soleil.

De même, la sagesse derrière l'existence des nuages consiste au fait qu'ils indiquent la venue de la pluie. Quant à la sagesse derrière la création des différents astres, celle-ci est cachée et incomprise des créatures. Certains pourront éventuellement en découvrir une partie, comme le fait qu'ils soient une parure pour le ciel. Au final, il n'existe aucune partie de ce monde dénuée de sagesse.

Certains organes du corps humain renferment, de même, une sagesse évidente comme le fait de savoir que les yeux servent à la vue, que la main serve à saisir et que les jambes servent à marcher.

Quant aux organes internes tels que le pancréas, le foie, les reins, les veines, les nerfs et les muscles, ainsi que les ventricules tendres et fermes qu'ils contiennent, ceux qui comprennent leur fonctionnement ne possèdent qu'une connaissance limitée issue de la Connaissance d'Allah.

Quiconque utilise une chose dans un but différent de ce pour quoi elle a été créée renie le bienfait d'Allah.

Celui qui frappe quelqu'un de sa main renie le bienfait des mains. En effet, elles ont été créées pour repousser ce qui lui nuit et pour accomplir ce qui lui profite, non pas pour qu'il nuise aux autres.

De la même manière, s'il utilise ses yeux pour regarder ce qui n'est pas licite, il aura renié leurs bienfaits ainsi que le bienfait [de la lumière] du soleil, puisque la vue ne se réalise que par ces deux éléments. Ceux-ci n'ont été créés qu'afin de pouvoir voir ce qui est utile à sa religion dans ce monde et pour qu'il se protège de ce qui lui porte préjudice.

Sache que le but derrière l'existence des créatures et la création de ce monde est d'aider les humains à atteindre Allah à travers eux.

On ne peut atteindre Allah que par ce qu'Il aime, en étant intime avec Lui ici-bas et en fuyant les plaisirs et les pièges de ce monde.

Il n'est d'intimité que par le rappel continuel. Il n'est d'amour qu'à travers le savoir acquis par une réflexion incessante. Or, le rappel et la méditation continuels ne sont possibles qu'avec le maintien du corps. Le corps ne peut être maintenu que par la terre, l'eau et l'air. Ces éléments ne peuvent exister qu'à travers la création des cieux, de la terre et de tous les organes, apparents et cachés.

Tout cela existe pour le bien du corps qui héberge l'âme. Or, c'est « l'âme sereine » qui retourne à Allah munie de longs actes d'adoration et de la connaissance. C'est pourquoi Allah dit :

« Je n'ai créé les Jinns et les Hommes que pour qu'ils M'adorent. »[1]

Ainsi, celui qui utilise une chose dans un autre but que l'obéissance à Allah aura renié les bienfaits d'Allah à travers

1 Sourate 51 : Qui Éparpillent, verset 56.

tous les moyens auxquels il aura forcément eu recours pour commettre un péché en particulier.

Nous allons citer l'exemple d'une sagesse cachée, mais qui n'est pas totalement dissimulée, afin que tu puisses reconnaître les voies de la reconnaissance et celles de l'ingratitude concernant les bienfaits.

L'argent et l'or sont des bienfaits créés par Allah par lesquels ce monde s'alimente. Il s'agit de deux minerais qui ne contiennent aucun profit en eux-mêmes. Cependant, les gens sont en grand besoin d'eux pour survivre. On en a besoin pour la nourriture, la boisson, les vêtements, le transport et toutes les autres nécessités.

En effet, il se peut qu'une personne soit incapable d'obtenir ce dont elle a vraiment besoin tout en possédant ce dont elle n'a pas besoin. Prenons l'exemple d'un homme possédant du safran, mais qui a besoin d'un chameau pour voyager et celui d'un autre homme possédant un chameau, mais ayant besoin de safran. Ces deux hommes pourraient donc échanger entre eux ce que chacun possède, mais il est nécessaire qu'il y ait des quantités échangées correspondant à la valeur de chaque chose. Cela afin que le propriétaire du chameau ne le vende pas au prix du safran, car ces deux choses n'ont pas la même valeur. Il faut donc échanger la valeur correspondante au chameau. Sinon, cela reviendrait à vendre une maison contre un vêtement, un esclave contre une paire de chaussures ou de la farine contre un âne. Toutes ces choses ne sont pas égales en valeur.

Donc, Allah a créé l'or et l'argent comme étant deux juges équitables parmi les richesses, afin que les biens soient évalués selon eux. Ainsi, on dira : ce chameau vaut cent et cette quantité de safran vaut cent. Par conséquent, ces deux biens, à partir du moment où ils seront équivalents dans cette mesure, auront des valeurs égales.

L'or et l'argent n'ont aucune valeur intrinsèque. S'ils en avaient eu, les échanges n'auraient pas été organisés.

Donc, Allah les a créés afin que les échanges d'autres formes de biens et de possessions se produisent en toute justice.

Si tu prends conscience de la sagesse qu'ils renferment, tu sauras alors que celui qui s'efforce de les utiliser dans une voie qui s'oppose à leur but voulu se montre ingrat vis-à-vis du bienfait qu'Allah a placé en eux.

Par conséquent, celui qui les thésaurise se montre injuste envers eux et annule la sagesse qui se trouve en eux. Il est tel celui qui met le gouverneur des musulmans en prison, l'empêchant par cela d'établir des jugements. En effet, lorsqu'ils sont thésaurisés, leur sagesse est perdue tout comme le but de leur création.

Comme de nombreuses créatures sont incapables de lire les lignes divines écrites sur les pages avec une écriture non lisible à l'œil nu, mais lisibles à l'œil de la clairvoyance, Allah les a informés par des Paroles qu'elles ont entendues à travers Son Messager :

« À ceux qui amassent l'or et l'argent et ne les dépensent pas dans le sentier d'Allah, annonce un châtiment douloureux. »[1]

Celui qui transforme les dinars et les dirhams en des réci-

1 Sourate 9 : Le Repentir, verset 34.

pients d'or et d'argent se montre ingrat vis-à-vis du bienfait et est pire que celui qui thésaurise.

Un exemple qui illustre cela serait de soumettre le gouverneur d'un pays au tissage, au nettoyage des rues ou à un travail habituellement accompli par les gens du commun. Ceci, car le fer, le cuivre, la faïence et autres sont utilisés en lieu et place de l'or et de l'argent pour contenir les liquides.

Il doit être dit à celui qui est incapable de discerner cette sagesse de la miséricorde divine : ***« Celui qui boit dans un récipient en or ou en argent, c'est comme s'il remplissait son estomac du feu de l'Enfer. »***[1]

De la même manière, tous ceux qui utilisent l'argent et l'or dans l'usure les ont démunis du but de leur création. Il s'agit là d'une des sagesses cachées de la règlementation de ces deux monnaies.

La reconnaissance et l'ingratitude doivent être considérées à la lumière de ces exemples, dans toutes tes affaires, ton action, ton inaction, tes propos, tes silences, etc.

Tout ce qui émane de toi doit forcément exprimer soit de la reconnaissance soit de l'ingratitude, une partie pouvant être décrite comme étant détestable et une autre comme étant dangereuse.

Un exemple illustrant ce point réside dans le fait qu'Allah a créé deux mains pour toi. Il a rendu l'une d'elles plus forte que l'autre afin qu'elle soit utilisée pour les choses nobles comme le fait de tenir le Coran. L'autre peut être utilisée pour les choses viles telles que le nettoyage des impuretés. Si

---

1 Rapporté par Muslim.

tu tenais le Coran de ta main gauche et nettoyait les impuretés de ta main droite, tu aurais inversé les objectifs, visant le noble par ce qui est vil.

De la même manière, si tu te chausses en commençant par le pied gauche, tu agis de manière incorrecte, car la chaussure est une protection pour le pied et le pied en profite à travers elle. Tu peux produire d'autres analogies à partir de cela.

De même, celui qui casse la branche d'un arbre sans en avoir besoin, sans aucun but immédiat ni essentiel, renie le bienfait d'Allah dans la création des arbres. Par ailleurs, s'il fait cela sur un arbre qui appartient à quelqu'un, il commet du tort, même s'il accomplit cet acte par besoin.

7 - La nature des bienfaits et leurs catégories

Sache que tout ce qui est recherché est nommé « bienfait ». Pourtant, le bienfait se situe en réalité dans le bonheur de l'Au-delà. D'autres noms que « bienfait » peuvent être utilisés. Nous concernant, ils se divisent en quatre catégories.

Ce qui est bénéfique à la fois dans cette vie et dans l'au-delà, à l'exemple du savoir et du bon comportement. Il s'agit là du bienfait véritable.

Ce qui est nuisible à la fois dans cette vie et dans l'au-delà. Il s'agit là du malheur véritable.

Ce qui est profitable dans l'immédiat, mais nuisible dans le futur, à l'exemple du suivi des désirs. Il s'agit d'un malheur pour les clairvoyants, alors que l'ignorant considère cela comme un bienfait.

En guide d'exemple de ce point, citons un homme affamé qui trouve du miel contenant du poison. Il le considère comme un bienfait s'il en est ignorant. En revanche, s'il sait qu'il contient du poison, il le considèrera comme un malheur.

Ce qui est nuisible dans l'immédiat, mais profitable dans le futur. Il s'agit d'un bienfait pour les clairvoyants et d'un malheur pour l'ignorant.

Pour illustrer ce point, citons l'exemple d'un remède au mauvais goût. Il est désagréable d'en consommer sur le moment, mais il guérira pourtant la maladie dans le futur. L'enfant ignorant qui le prend le considèrera comme un malheur alors que l'intelligent le considère comme un bienfait.

De la même manière, si un enfant a besoin que l'on pratique la saignée sur lui, le père la considèrera comme utile puisqu'elle apportera une guérison au final. En revanche, la mère empêchera son utilisation en raison de son amour et de sa préoccupation excessive envers son enfant et parce qu'elle est ignorante des bienfaits d'un tel traitement. L'enfant suivra aveuglément sa mère étant donnée son ignorance et trouvera de la compassion auprès d'elle plutôt que chez son père, considérant ce dernier comme un ennemi.

S'il était intelligent, il saurait qu'en fait, dans ce cas précis, la mère est un ennemi caché sous la forme d'un ami véritable, car elle est celle qui l'empêche de recevoir le traitement de la saignée, ce qui aura pour résultat final des maux plus grands que la douleur qui peut accompagner la saignée. Un ami ignorant est pire qu'un ennemi raisonnable.

Tout individu est l'ami de son âme, mais l'âme est une amie ignorante. En raison de cela, elle lui cause ce que l'ennemi ne saurait lui causer.

8 - L'abondance des bienfaits d'Allah

Sache que les bienfaits sont divisés entre ce qui est recherché pour lui-même et ce qui est recherché pour un but précis.

Le but visé pour lui-même est le bonheur de l'au-delà. Il se résume à travers quatre éléments : une vie dénuée de fin, un bonheur éternel dénué de peine, un savoir dénué d'ignorance, une richesse éternelle dénuée de pauvreté. Voilà le bonheur véritable.

Quant à la seconde catégorie [ce qui est recherché pour un but précis], elle est constituée des moyens permettant d'atteindre ce bonheur. Elle se compose de quatre points :

Le premier et le plus essentiel concerne les vertus de l'âme comme la foi et le bon comportement.

Le deuxième concerne les vertus du corps telles que la force, la bonne santé et ce qui est similaire.

Le troisième concerne les bienfaits entourant le corps. Il s'agit des biens, la réputation, la noblesse et la famille.

Le quatrième concerne les bienfaits en rapport avec ces vertus et qui leur sont appropriés tels que la guidance, la rectitude, la bonne orientation ou le soutien. Tous ces bienfaits sont immenses.

Donc si on demande : Pourquoi aurait-on besoin, sur le chemin de l'au-delà, de bienfaits externes tels que les biens et la bonne réputation ?

Nous répondons : ces éléments fonctionnent à la manière des ailes et représentent des moyens de faciliter l'atteinte de l'objectif.

Quant aux biens, si l'étudiant n'en possède pas suffisamment, il sera semblable au soldat qui part au combat sans arme. En effet, il dévouera tout son temps à la recherche de subsistance. Ceci le distraira de l'acquisition du savoir, du rappel [d'Allah] et de la méditation.

Quant à la bonne réputation, elle protège contre l'humiliation et l'oppression. Il y aura toujours des ennemis essayant de lui nuire et des oppresseurs tentant de lui porter préjudice. Sans une bonne réputation, son cœur sera préoccupé par la crainte d'un tort provenant de ses ennemis. Or, son cœur est le bien le plus important à préserver. Le fait d'être préoccupé par ses ennemis et de craindre leur mal ne s'empêche que par l'honneur et la bonne réputation.

Quant à la bonne santé, la force, la vie longue et tout ce qui est similaire, ce sont des bienfaits puisque le savoir et l'acte ne se perfectionnent qu'à travers eux.

Le Prophète (paix sur lui) a dit :
« Deux bienfaits au sujet desquels les gens sont dupent : la bonne santé et le temps libre. »[1]

Lorsqu'on demanda au Prophète (paix sur lui) :
« Qui sont les meilleurs des gens ? »
Il répondit : « Celui qui a une longue vie et de bonnes actions. »[2]

1 Rapporté par Al-Boukhari.
2 *Sahih Al-Tirmidhi.*

Concernant les biens et la renommée, ce sont deux bienfaits et nous avons déjà traité de leurs dangers. Cependant, ils ne sont pas toujours blâmables.

Pour ce qui de la guidance, de la rectitude, de la bonne orientation et du soutien, le fait qu'il s'agisse de bienfaits parmi les plus grands n'est pas un secret. C'est pour cette raison qu'un poète a dit :

Si le jeune homme est privé de l'aide d'Allah
Alors c'est de ses efforts qu'il sera le plus victime.

9 - Les bienfaits d'Allah concernant les méthodes par lesquelles la nourriture nous parvient

Sache que nous avons mentionné un certain nombre de bienfaits et l'un d'entre eux est la bonne santé du corps. Il s'agit de la seconde vertu de la liste.

Si nous voulions énumérer les moyens d'atteindre ce bienfait, nous n'en serions pas capables. Nous pouvons en revanche citer la nourriture comme étant l'un des moyens d'obtenir une bonne santé.

Nous allons mentionner certaines des méthodes par lesquelles la nourriture est acquise.

Ainsi, parmi les bienfaits qu'Allah t'a donnés se trouve le fait qu'Il ait créé pour toi les facultés de percevoir et de se mouvoir dans la recherche de nourriture. Observe la sagesse du commandement d'Allah dans la création des cinq sens qui constituent les facultés de perception.

Le premier type de perception est le sens du toucher. Il s'agit du premier sens qu'Il créa pour les animaux. Le plus bas degré de sensation consiste à ressentir ce avec quoi tu es en contact et qui te touche. En effet, il ne fait aucun doute que ressentir ce qui est éloigné de toi est plus proche de la perfection.

Allah a créé pour toi le sens de l'odorat par lequel tu saisis les odeurs de loin. En revanche, tu ne sais pas de quelle direction provient l'odeur. Tu as donc besoin de marcher pour explorer les alentours jusqu'à ce que tu trouves la source de l'odeur. Il se peut même que tu ne la trouves pas.

C'est pourquoi Allah a créé la vue pour toi, afin que tu puisses percevoir ce qui est loin de toi, que tu connaisses sa direction et que tu puisses t'y diriger.

Si Allah n'avait pas créé cela pour toi, tu aurais été déficient et tu n'aurais pas été capable de concevoir ce qui se trouve au-delà des murs et des barrières.

D'autre part, un ennemi aurait pu se cacher de toi derrière un mur et t'approcher avant même que tu saches ce qui se trouve derrière. Tu aurais été alors dans l'incapacité de fuir. Donc, Allah a créé pour toi l'ouïe, afin que tu puisses percevoir les sons derrière les murs.

Mais ce n'est pas tout. Si tu ne disposais pas du sens du goût, tu aurais été incapable de ressentir ce qui est bon pour toi et ce qui ne l'est pas. Ceci contrairement à l'arbre qui absorbe toute forme d'eau qu'il reçoit, pure ou salée. Il ne possède pas le sens du goût, car si cela avait été le cas, il ne l'aurait pas absorbée et cela l'aurait conduit à la mort à cause du dessèchement.

Ensuite, Allah t'a honoré d'un autre attribut, le plus noble de tous : la raison. Par elle, tu distingues les aliments nocifs et bénéfiques. Par elle, tu sais comment cuisiner et préparer les ingrédients. Ainsi, à travers ta raison, tu profites de la nourriture qui est la source de ta santé. Il s'agit là de la plus minime des sagesses derrière la raison. La plus grande se trouve dans la connaissance d'Allah.

Les sens externes ne représentent qu'une partie des perceptions. Ne pense pas que nous avons traité de ces sens en profondeur, car la vue constitué seulement l'un des sens et l'œil est l'instrument de la vue.

L'œil est composé de dix couches différentes. Certaines sont humides et certaines sont composées de tissus différents. Chaque couche possède ses caractéristiques, formes, configurations, dimensions, fonctions et dispositions. Si l'une des dix couches ou même l'une de leurs caractéristiques étaient défaillantes, aucun médecin ne serait capable de la rétablir.

Il ne s'agit là que d'un seul sens. Que dire alors de l'ouïe et des autres sens ? Il serait impossible, même en plusieurs volumes, d'épuiser le sujet, alors qu'en est-il du corps entier ?

Considère ensuite la création de la volonté, de la force et des différentes facultés de mouvement. Si la vue avait été créée seulement afin que tu puisses reconnaître la nourriture sans la création d'une inclination naturelle, un penchant et un appétit qui te poussent à te mouvoir, elle aurait certainement été inutile.

Combien de malades regardent la nourriture qui est bonne pour eux sans qu'ils soient capables de la consommer parce qu'ils n'ont pas d'appétit ?

C'est pourquoi Allah a créé en toi l'appétit pour la nourriture. En revanche, si cet appétit n'est pas contrôlé par la consommation d'une quantité appropriée de nourriture, basée sur ton besoin, il peut te détruire. Ainsi, Allah a créé en toi l'aversion envers le fait de manger après que tu sois repu. Le même principe s'applique concernant les relations sexuelles, la sagesse derrière elles étant de permettre à la descendance de se perpétuer.

Puis, Allah a créé pour toi des membres qui sont des instruments te permettant d'atteindre la nourriture ainsi que d'autres choses. Parmi ces membres se trouvent les deux mains qui sont composées de jointures afin de déplacer, d'éloigner et de rapprocher à la différence d'un simple morceau de bois.

Allah a fait que la paume soit large, munie de cinq doigts alignés, de tailles différentes. Les pouces se situent tout au bout, suivis par les autres doigts. Si les mains étaient attachées ou collées l'une à l'autre, tu aurais été incapable d'atteindre ton but.

Il a ensuite créé les ongles afin de protéger les bouts des doigts des blessures. Les choses fragiles, que les doigts ne peuvent pas saisir, peuvent être attrapées par le bout des ongles.

Imagine maintenant que tu sois capable de prendre la nourriture avec ta main, à quoi cela servirait si la nourriture ne pouvait pas atteindre ton estomac ?

En raison de cela, Allah a créé pour toi une bouche et des mâchoires à partir de deux os sur lesquels Il a placé les dents. Il a divisé les dents en fonction de ce qui est utile à la nourriture. Ainsi, certaines dents permettent de briser, à l'image des canines et d'autres permettent de broyer, comme les molaires.

Allah a fait que la mâchoire inférieure soit mobile et que la supérieure soit fixe. Observe les merveilles de la création d'Allah, car tous les broyeurs créés par les gens disposent d'une partie inférieure fixe et d'une partie supérieure mobile. Mais le broyeur créé par Allah est différent, car si la mâchoire supérieure était mobile et celle inférieure fixe, les autres organes nobles auraient été en danger.

Observe la manière dont Allah t'a béni en créant la langue ! Elle bouge à l'intérieur de la bouche, transportant la nourriture vers les dents lorsque cela est nécessaire, à l'image du rôle de la pelle vis-à-vis de la meule. Cela est en soi stupéfiant, sans même mentionner la faculté de parler.

Observe ensuite la manière dont tu avales la nourriture dans ta bouche qui était sèche et que tu as humidifiée afin de permettre l'écoulement vers la gorge. Observe comment Allah a créé les glandes salivaires sous ta langue et adouci la nourriture dans ta bouche.

Cette nourriture mâchée atteint l'estomac depuis la bouche alors qu'elle ne peut l'atteindre à partir des mains. Sois donc émerveillé !

Allah t'a créé un pharynx. Il est composé de différentes sections qui s'ouvrent afin de laisser passer la nourriture jusqu'à ce qu'elle soit transférée vers l'estomac. Lorsque la nourriture atteint l'estomac sous forme de morceau de pain, de fruit ou autre, elle ne peut devenir chair, os ou sang avant d'avoir été correctement digérée. Allah a créé l'estomac sous une forme comparable à un pot dans lequel la nourriture entre, puis est préparée par quatre membres : le foie situé du côté droit, la rate sur le côté gauche, le thorax à l'avant et la chair de la colonne vertébrale à l'arrière. La nourriture est transformée en liquide afin d'être facilement absorbée par les veines. Depuis les veines, elle atteint le foie où elle demeure un moment afin d'être purifiée. Elle est ensuite distribuée à travers tout le corps à l'exception d'une certaine quantité destinée à être excrétée.

De plus, dans le corps humain se trouvent des muscles et d'innombrables veines de différentes tailles. Certaines sont larges et d'autres petites, certaines sont fines et d'autres épaisses. Rien n'existe sans qu'il n'y ait de sagesse derrière et tout cela provient d'Allah, glorifié soit-Il.

Réfléchis maintenant sur les bienfaits dont Allah t'a comblé et vis-à-vis desquels tu devrais Le remercier !

En effet, tu ne connais par exemple pas réellement les bienfaits d'Allah sur toi autres que la nourriture qui est le moindre de ces bienfaits. Tu sais seulement que lorsque tu as faim, tu dois manger, tout comme un animal. Tu sais que lorsque tu es fatigué tu dois dormir et que quand tu es excité tu dois copuler. Donc si tu connais seulement ce qu'un âne connaît, comment peux-tu montrer à Allah la reconnaissance qu'Il mérite ?!

Ce que nous avons cité ici comme bienfaits provenant d'Allah n'est que le résumé d'une goutte dans un de Ses océans de bienfaits. Fais donc la comparaison vis-à-vis de cela. Il ne s'agit que d'une portion de ce que nous, ainsi que toutes les créatures, savons au sujet des bienfaits d'Allah, ce qui est moindre qu'une goutte dans un océan. Ajoutons à cela ce que nous ne connaissons pas. Allah a dit :

« Et si vous comptez les bienfaits d›Allah, vous ne saurez pas les dénombrer. »[1]

1 Sourate 16 : Les Abeilles, verset 18.

10 - Les merveilles des aliments et des remèdes

Sache que les aliments sont nombreux et variés et que les merveilles d'Allah au sein de Sa création ne peuvent être dénombrées. Ils se catégorisent en aliments, remèdes, fruits et autres.

Nous allons parler de certains aliments. Si tu possèdes du blé et que tu le manges, tu resteras quand même en état de faim et tu auras besoin de travailler plus afin de produire plus dans le but de remplir tes besoins. Cela s'accomplit en le cultivant. Cet acte implique de trouver une parcelle de terrain au sein de laquelle l'eau se mélange à la terre et devient boueuse, mais ce ne sera pas suffisant, car il est besoin d'autre chose en plus de l'eau et de la terre.

En effet, si on laisse une terre humide et dure, le blé ne poussera pas en l'absence d'air. Il est donc nécessaire de semer dans une terre labourée au sein de laquelle l'air peut pénétrer.

Ensuite, il faut un vent qui déplace l'air, l'amenant à avoir un effet sur le sol. Tout cela n'est toujours pas suffisant, car il est besoin de la chaleur du printemps et de l'été puisque durant le froid de l'hiver, rien ne pousse.

Observe ensuite l'eau nécessaire à cette culture. Comment Allah l'a-t-Il créée ? Il a fait jaillir des sources depuis lesquelles des rivières coulent. De plus, comme certaines terres sont élevées et ne peuvent être atteintes par cette eau, Allah a envoyé des nuages poussés par des vents afin qu'ils se répandent sur toutes les régions du monde. Ce sont des nuages chargés d'eau qu'Il envoie sans cesse vers la terre dans les moments où il en est besoin.

Observe comment Allah a créé les montagnes afin de préserver l'eau de pluie et depuis lesquelles jaillissent progressivement des sources. En effet, si cette eau déferlait d'un coup vers les terres, elle aurait détruit les cultures.

Observe ensuite la façon dont Allah a assujetti le soleil et la manière dont Il l'a créé. Malgré sa distance éloignée de la terre, il est capable de lui fournir de la chaleur à des moments différents, afin qu'il fasse chaud lorsque cela est nécessaire et froid lorsque cela est nécessaire.

Allah a créé la lune et fait de l'hydratation l'une de ses principales caractéristiques tout comme il a fait de la chaleur l'une des principales caractéristiques du soleil qui permet aux fruits de mûrir, selon le décret du Créateur, l'Omniscient.

Chaque corps céleste dans les cieux est assujetti à un bénéfice, tout comme le soleil et la lune. Aucun d'entre eux n'est dénué de sagesses, nombreuses et décrétées, que les capacités humaines ne peuvent énumérer. Le soleil et la lune renferment d'autres sagesses que nous n'avons pas mentionnées ici et elles ne peuvent être dénombrées.

En raison du fait que tous les aliments ne peuvent être trouvés en un seul et même endroit, Allah a préposé les commerçants qui se concentrent sur le fait d'amasser de l'argent, bien que la plupart du temps il ne leur profite pas, car ils ne font que l'accumuler.

Il se peut aussi que, durant un voyage d'affaires, toutes leurs richesses coulent dans la mer ou soient dérobées par des bandits.

Il se peut également qu'ils meurent alors qu'ils se trouvent dans un pays lointain et que leurs biens soient saisis par les gouverneurs de cette terre.

La meilleure des situations pour eux est que leurs biens soient récupérés par leurs héritiers, qui sont en réalité leurs pires ennemis, si seulement ils savaient.

Observe la façon dont Allah a placé l'espoir et l'insouciance en eux, au point qu'ils traversent les grandes difficultés du voyage en mer et des routes dangereuses d'Orient et d'Occident, seulement dans le but de faire du profit.

11 - Ce qui détourne les créatures de la reconnaissance

Sache que les gens sont détournés de la reconnaissance pour leurs bienfaits par l'ignorance et l'insouciance. Elles les privent de reconnaître les bienfaits, car on ne peut se montrer reconnaissant que pour un bienfait que l'on reconnaît.

Puis, quand [les gens] reconnaissent un bienfait, ils supposent que la gratitude ne consiste qu'à dire oralement « Al-Hamdoulillah » et « Shukr lillah ». Ils ne savent pas que la reconnaissance consiste à utiliser le bienfait pour perfectionner la sagesse visée à travers lui, c'est-à-dire l'obéissance à Allah.

Quant à l'insouciance, plusieurs causes en sont à l'origine. L'une d'elles est que les gens, dans leur ignorance, ne considèrent pas ce qui touche l'ensemble des créatures, en toute situation, comme étant des bienfaits. En raison de cela, ils ne se montrent pas reconnaissants pour tous les bienfaits que nous avons mentionnés, car généralement ceux-ci touchent toutes les créatures et les concernent dans chacun de leurs états. Il résulte de cela qu'ils ne considèrent aucune de ces choses comme étant significative. Ils ne les voient donc pas du tout comme des bienfaits venant d'Allah.

Donc, tu ne les verras pas remercier Allah pour l'air, même s'ils mouraient s'il en manquait pendant un bref moment, s'ils venaient à être coincés dans un sauna ou dans un puits. Si l'un d'entre eux était éprouvé par l'une de ces trois situations et en été sauvé, ce n'est qu'à ce moment qu'il remercierait Allah pour le bienfait du sauvetage. Il s'agit de l'une des plus grandes formes d'ignorance. Leur gratitude n'est fondée que sur un bienfait qui leur est retiré puis redonné.

Il convient d'être reconnaissant pour les bienfaits en toute situation. Pourtant, tu ne vois pas la personne voyante être reconnaissante pour la santé de ses yeux, tant qu'elle ne devient pas aveugle. Si sa vue est restaurée, elle devient consciente de ce bienfait, se montre reconnaissante et le reconnaît en tant que telle.

Il a également été rapporté qu'un homme se plaignit de sa pauvreté à un autre doté de clairvoyance. Il lui exprima son intense désespoir. L'autre lui demanda alors :

« Serais-tu satisfait d'être aveugle, mais de posséder dix-mille dirhams ? »

Il répondit : « Non. »

Puis l'autre homme lui demanda : « Serais-tu satisfait d'être privé de tes mains et de tes jambes, mais de posséder vingt mille dirhams ? »

Il répondit : « Non. »

Puis l'homme lui demanda : « Serais-tu satisfait d'être fou, mais de posséder dix-mille dirhams ? »

Il répondit « Non. »

L'homme lui dit alors : « N'as-tu pas honte de te plaindre de ton Seigneur alors qu'Il t'a donné l'équivalent de cinquante mille dirhams ? »

On rapporte qu'un pauvre parmi les Pieux Prédécesseurs souffrait d'une extrême pauvreté qui le désespérait. Il fit un rêve dans lequel il vit quelqu'un lui dire :

« Voudrais-tu que je te fasse oublier la sourate Les Bestiaux en échange de mille dinars ? »

Il répondit : « Non. »

L'homme demanda : « Et la sourate Hud ? »

Il répondit : « Non. »

L'homme demanda : « Et la sourate Yusuf ? »
Il répondit : « Non. »
L'homme dit alors : « Pourquoi te plains-tu alors que tu possèdes l'équivalent de cent-mille dinars ? »
Il se réveilla alors soulagé.

Ibn Al-Simmak visita [le calife] Al-Rashid et l'exhorta. Le calife pleura. C'est alors qu'Ibn Al-Simmak demanda qu'on lui apporte de l'eau dans un récipient. Il dit ensuite : « Ô Commandeur des croyants ! Si tu étais privé de cette eau, échangerais-tu le monde entier contre elle ? »
Le calife répondit : « Oui. »
Puis il lui dit : « Alors, bois autant que tu en as besoin, qu'Allah te bénisse ! »
Après qu'Al-Rashid bu, il lui demanda : « Si on t'autorisait à uriner de cette eau qu'en échange du monde entier et ce qu'il contient, l'échangerais-tu ? »
Le calife répondit : « Oui. »
Ibn Al-Simmak dit : « Que fais-tu donc d'une chose qui ne vaut même pas une gorgée d'eau ? »

Cela démontre que le bienfait d'Allah sur le serviteur qui peut boire de l'eau alors qu'il a soif est meilleur que le fait de posséder la terre entière et que l'évacuation des excréments représente l'un des bienfaits les plus grands.

Il ne s'agit que là que d'une brève exposition des bienfaits. Sache qu'il n'y a pas un serviteur d'Allah qui examine attentivement sa condition sans qu'il trouve des bienfaits provenant d'Allah qui lui sont spécifiques et qu'il ne partage avec personne, bien que nombreux sont ceux qui les partagent avec lui.

Chaque serviteur est satisfait d'Allah pour l'intelligence qu'il possède, croyant qu'il est le plus intelligent des hommes.

Peu sont ceux qui demandent à Allah plus d'intelligence.

De même pour le comportement, chaque serviteur voit chez les autres les fautes ou traits de caractère qu'il déteste. Il se considère comme dénué de tels défauts. Il devrait donc être occupé par la reconnaissance envers Allah puisqu'il se trouve dans une meilleure situation.

Chaque serviteur connaît les aspects profonds et cachés de son âme. Si le voile était levé et que les autres pouvaient les voir, il en aurait honte. Qu'en serait-il donc si tous les gens étaient capables de voir ce qu'il cache ? Ne devrait-il pas remercier Allah pour le magnifique voile qui cache ses actes ?

Nous disons également qu'il n'est pas un serviteur sans qu'Allah ne lui ait offert des choses dans sa demeure, son pays, ses amis, ses proches, son rang et tout ce qui lui est cher.

Allah a par exemple fait de lui un croyant et non un mécréant, un être vivant et non pas inanimé, une personne et non pas un animal, un mâle plutôt qu'une femelle, un être en bonne santé plutôt que malade, capable plutôt qu'infirme. Tous ces éléments sont spécifiques.

Allah lui a donné des bienfaits que les autres n'ont pas, bien qu'il souhaite échanger sa situation avec celle d'un autre. Il constatera également que ceux qui sont en dessous de lui sont beaucoup plus nombreux que ceux étant au-dessus. Ainsi, pourquoi regarde-t-il ceux qui sont au-dessus sans voir ceux qui sont en dessous de lui ?

D'après Abu Hurayrah, le Messager d'Allah (paix sur lui) a dit : « ***Si l'un de vous regarde celui qui le surpasse dans les biens et la constitution physique, qu'il regarde celui qui***

lui est inférieur plutôt que celui qui le surpasse. »[1]

Sous une autre formulation : « ***Regardez ceux qui vous sont inférieurs et ne regardez pas ceux qui vous sont supérieurs afin que vous ne minimisiez pas les bienfaits d'Allah sur vous.*** »[2]

Ainsi, celui qui médite sur sa condition et prend en considération ce qui lui est spécifique se rendra compte qu'Allah lui a attribué de nombreux bienfaits. Cela particulièrement chez ceux qui ont été privilégiés au niveau de la foi, du Coran, du savoir, de la Sounnah, du temps libre, de la bonne santé, de la sécurité, etc.

Il a été rapporté dans certains ahadiths : « ***Celui qui récite le Coran est riche.*** ». Dans une autre version : « ***Le Coran est une richesse après laquelle il n'y a plus de pauvreté.*** »[3]

Il est dit dans un autre hadith : « ***Celui qui se réveille le matin en sécurité parmi les siens, son corps en bonne santé et possédant sa nourriture pour ce jour, c'est comme s'il détenait ce bas monde et tout ce qu'il contient.*** »[4]

Un poète a dit :

Si la nourriture, la santé et la sécurité te parviennent
Et que tu te réveilles attristé
Alors que la tristesse ne te quitte plus !

Donc si l'on demande : « Quel est le remède à appliquer à ces cœurs insouciants qui permet de leur faire prendre

1 Rapporté par Al-Boukhari & Muslim.
2 Rapporté par Al-Boukhari & Muslim.
3 *Da'if Al-Jami'*. La chaîne de transmission du hadith est faible.
4 Rapporté par Al-Boukhari & Muslim.

conscience des bienfaits d'Allah afin qu'ils deviennent reconnaissants ? »

La réponse est : quant aux cœurs clairvoyants, qu'ils méditent sur les signes des différentes manifestations des bienfaits d'Allah.

En ce qui concerne les cœurs stupides, ils ne considèrent un bienfait provenant d'Allah comme étant un bienfait seulement après un malheur.

La voie que doit suivre celui doté d'un tel cœur consiste à toujours regarder ceux qui sont en dessous de lui, dans une situation bien plus grave que lui, et à agir à la manière de certains anciens.

Il doit visiter les hôpitaux afin d'observer les différentes afflictions de la maladie, puis méditer sur sa propre bonne santé et prospérité.

Qu'il regarde les malades mentaux et la manière dont ils se font du mal à eux-mêmes, puis qu'il remercie Allah pour sa bonne santé.

Qu'il visite les tombes et qu'il sache que la chose la plus aimée des morts serait d'être capable de revenir en ce monde, afin de compenser leurs péchés et d'augmenter leurs bonnes œuvres. En effet, le Jour de la Résurrection est le jour de la privation.

Donc celui qui se trouve près des tombes, connaissant la chose la plus aimée [de leurs habitants], qu'il consacre le reste de son existence à obéir à Allah et Le remercier.

Ce que ces cœurs loin de la reconnaissance doivent également savoir est que lorsqu'on ne remercie pas Allah pour un bienfait, celui-ci disparaît et ne revient pas.

Al-Fudayl a dit : « Il vous incombe d'être constamment reconnaissants envers Allah pour Ses bienfaits. Il est en effet rare qu'un bienfait soit retiré à un peuple pour ensuite leur être rendu. ».

12 - Réunir patience et reconnaissance

Tu pourrais dire : étant donné que tu as mentionné qu'Allah a placé un bienfait dans chaque chose existante, cela signifie donc que le malheur n'existe pas. Quel est donc le sens de la patience ? Et si le malheur existe, quel est le sens de la reconnaissance par rapport à un malheur ? Comment la patience et la reconnaissance peuvent-elles être réunies ? La patience est accompagnée de douleur, alors que la reconnaissance est accompagnée de joie. Elles s'opposent donc mutuellement.

Sache que le malheur existe de la même manière que le bienfait existe. Cependant, tout malheur n'implique pas forcément de patience, à l'image de la mécréance par exemple. Il s'agit d'un malheur, pourtant la patience ne s'applique pas à elle, de même pour les péchés. La seule problématique ici est que le mécréant ne sait pas que sa mécréance est un malheur, à l'image de celui touché par un mal dont il ne sent pas la douleur en raison de son évanouissement.

Le désobéissant connaît son péché et il lui incombe de l'abandonner. Donc, il n'est pas demandé à l'homme de supporter toute épreuve qu'il est capable de repousser.

Par exemple, celui qui délaisse l'eau jusqu'à ce que la soif le fasse grandement souffrir, il ne lui est pas commandé de supporter cela par la patience, plutôt, il lui est demandé de soulager cette souffrance.

La patience dans la souffrance ne s'applique que dans le

cas où la souffrance ne peut être allégée. Ainsi, la patience dans ce monde concerne seulement ce qui peut également potentiellement représenter un bienfait.

En raison de cela, il est possible d'imaginer combiner reconnaissance et patience. Par exemple, la richesse peut devenir la cause de la perdition d'un homme, car il pourrait devenir la cible d'un assassinat en raison de son argent. Il en est de même pour la bonne santé, car il n'existe aucun bienfait ici-bas sans qu'il ne puisse devenir une épreuve. Le serviteur peut se rendre compte, dans certaines situations, qu'une même chose peut renfermer à la fois un malheur et un bienfait.

Prenons l'exemple du fait que l'homme ignore à quel moment il mourra. Il s'agit d'un bienfait pour lui, car s'il le savait, il perdrait tout plaisir dans cette vie et pourrait être submergé de chagrin. De la même manière, son ignorance de ce que certaines personnes ressentent contre lui permet d'éviter d'être dominé par la douleur, la haine, l'envie et d'être occupé par la vengeance. Similairement, le fait qu'il ignore les défauts des autres lui permet d'éviter de les détester et de leur porter atteinte.

Dans le même ordre d'idée, l'ignorance du Jour du Jugement, de la Nuit du Destin (Laylat Al-Qadr), de l'heure du vendredi [où les invocations sont exaucées], représentent un bienfait, car elle encourage à l'effort et à la recherche. Voilà donc quelques aspects des bienfaits d'Allah dans le cas de l'ignorance, que dire alors dans le cas de la connaissance !

Nous avons dit qu'Allah a placé un bienfait dans chaque chose au point que même les souffrances peuvent être un bienfait pour celui qui souffre et peuvent l'être pour autrui, à l'image de la souffrance des mécréants en Enfer dans l'au-delà. Elle est un bienfait pour les gens du Paradis, car si d'autres n'étaient pas châtiés, les favorisés n'auraient pas connu l'étendue de leur bienfait.

La joie des gens du Paradis doublera lorsque la souffrance des gens de l'Enfer sera mentionnée. Ne vois-tu pas que l'éclat du soleil n'augmente pas la joie des habitants de ce bas monde, bien qu'ils en aient un besoin vital ? Cela est dû au fait qu'il s'agisse d'un bienfait offert à tous. Ils ne se réjouissent pas non plus de l'ornement des cieux, bien qu'il soit meilleur que toute autre planète. Ils n'en tiennent pas compte ni n'en tirent de bonheur.

Ce que nous avant mentionné est donc vrai : Allah n'a rien créé qui ne renferme ni sagesse ni bienfait, que ce soit à destination de tous les serviteurs, ou d'une partie d'entre eux.

Le malheur créé par Allah est également un bienfait, que cela soit pour celui qui l'endure ou que cela soit pour quelqu'un d'autre.

Donc, la patience et la reconnaissance peuvent être combinées dans toutes les situations qui ne sont ni malheur absolu ni bienfait absolu. Une personne peut se réjouir d'une chose sous un aspect, et s'en attrister sous un autre. La patience intervient donc dans la tristesse qu'il en tire et la reconnaissance dans la joie qu'il en tire.

Sache que dans la pauvreté, la maladie, la crainte et le malheur de ce bas monde, se trouvent cinq éléments dont l'intelligent doit se réjouir et pour lesquels il doit se montrer reconnaissant.

Le premier : pour chaque épreuve et maladie, il existe une situation pire, car la capacité d'Allah est infinie. Donc si Allah les aggrave, qui peut empêcher cela ? Ainsi, soit reconnaissant vis-à-vis du fait que cela ne soit pas plus grave.

Le second : que l'épreuve n'ait pas touché la religion.

'Umar Ibn Al-Khattab (qu'Allah l'agrée) a dit : « Il n'y a pas d'épreuve par laquelle Allah m'a touchée sans [me donner] quatre bienfaits [à travers elle] : qu'elle ne concerne pas ma religion, qu'elle ne soit pas plus grave qu'elle ne l'est, que je ne sois pas privé d'en être satisfait, et que j'en espère une récompense. »

Un homme dit à Sahl Ibn 'Abdullah : « Un voleur est entré chez moi et m'a dérobé tous mes biens. »
Sahl répondit : « Sois reconnaissant envers Allah. Si le diable avait pénétré ton cœur, et l'avait corrompu, qu'aurais-tu été capable de faire ? Celui qui devrait t'infliger cent coups de fouet, mais se suffit de dix, mérite la reconnaissance. »

Le troisième : il est possible que chaque châtiment soit retardé jusqu'à l'au-delà. Or, les malheurs de cette vie mondaine amoindrissent ce châtiment et les malheurs de l'au-delà sont éternels. Il n'y a aucun moyen de les alléger, donc celui qui voit son châtiment hâté ici-bas ne sera pas puni une seconde fois.

Le Prophète (paix sur lui) a dit : ***« Pas un malheur ne touche le musulman, sans qu'Allah ne lui expie ses fautes par cela, jusqu'à l'épine qui le pique. »***[1].

Il est rapporté dans le Sahih Muslim [que le Prophète (paix sur lui) a dit] : ***« Celui dont le châtiment se produit plus tôt, ici-bas, ne sera pas châtié une seconde fois. »***[2]

1 Rapporté par Al-Boukhari & Muslim.

2 Rapporté par Muslim.

Le quatrième : le malheur ou l'épreuve lui furent prédestinés dans la Mère du Livre. Le fait que cela se soit produit et qu'il en soit soulagé est un immense bienfait.

Le cinquième : la récompense est plus grande [que les malheurs], car les épreuves de ce bas monde sont des chemins vers l'au-delà, de la même manière qu'empêcher un jeune garçon de jouer [de manière permanente] est un bienfait, car le laisser tout le temps jouer l'empêcherait de rechercher le savoir et d'apprendre le bon comportement. Cela le conduirait donc à passer à côté de sa vie.

De même, ses richesses, ses biens, sa famille, ses proches et ses amis peuvent tous constituer une cause menant à sa perte. Les athées souhaiteront demain n'avoir été que des fous ou de simples enfants plutôt que de s'être reposés sur leur raison concernant la religion d'Allah.

Il n'y a pas une de ces causes que l'on trouve chez un serviteur sans qu'il n'imagine qu'elle sera un bien pour sa religion. Il doit donc avoir une bonne opinion d'Allah, voir le bien dans ce qui l'éprouve et remercier Allah pour cela.

La sagesse d'Allah est vaste. Il sait mieux que les serviteurs ce qui est bon pour eux. Demain, lorsqu'ils en verront les récompenses, ils Le remercieront pour ces épreuves. De même, après que le jeune garçon aura atteint la maturité, il remerciera son professeur et son père de l'avoir éduqué, car il saisira alors le fruit de ce qu'il aura gagné grâce à la discipline.

Les épreuves et les malheurs représentent les moyens par lesquels Allah éduque Ses serviteurs, et Sa bienveillance est plus complète et abondante que celle des parents envers leurs enfants. Il est dit dans le hadith : ***« Allah ne décrète rien***

pour le croyant sans que cela ne soit un bien pour lui. »[1]

Sache que la source des péchés destructeurs est l'amour de ce bas monde et que la source du salut est que le cœur en soit dénué. Les épreuves suscitent l'assurance du cœur. Si les malheurs se multiplient, le cœur s'agite et se détache de la vie d'ici-bas. Le monde devient telle une prison pour lui et s'en libérer devient l'un de ses plus grands souhaits, à l'image du prisonnier qu'on libère de prison.

Quant à la douleur, elle est nécessaire et s'accompagne de joie comme quand par exemple le praticien t'applique une saignée ou te donne un remède bénéfique gratuitement. Tu souffres et tu te réjouis. Tu te montres patient dans la douleur et reconnaissant dans la joie.

Celui qui est conscient de cela devrait se montrer reconnaissant pour les épreuves. Mais celui qui n'en est pas conscient, on ne peut pas attendre de lui qu'il fasse preuve de gratitude pour un malheur.

On ne peut imaginer que celui qui ne croit pas que la récompense de l'épreuve est plus grande que l'épreuve elle-même puisse être reconnaissant pour elle. On rapporte qu'un bédouin présenta ses condoléances à Ibn 'Abbas (qu'Allah l'agréé) à la mort de son père. Il dit :

Sois patient afin que nous te rejoignions dans la patience
Certes, la patience des disciples ne se produit qu'après la patience du chef.
Meilleure qu'Al-'Abbas est ta patience après lui
Et Allah est meilleur pour toi que ne l'est Al-'Abbas

1 *Sahih Al-Jami'.*

Ibn 'Abbas (qu'Allah l'agréé) répondit : « Personne ne m'a adressé de meilleures condoléances que cet homme. »

Si l'on dit : « Les récits rapportés au sujet des mérites de la patience indiquent qu'une épreuve ici-bas est meilleure que le fait de recevoir des bienfaits. Doit-on donc demander qu'Allah nous éprouve ? »

La réponse est : il n'y a aucune raison de faire cela en raison de ce qui a été rapporté d'après Anas (qu'Allah l'agréé). Il est mentionné que ***le Messager d'Allah (paix sur lui) a visité un musulman pour s'enquérir de sa santé, car il était devenu aussi faible qu'un poulet. Le Messager d'Allah (paix sur lui) lui dit : « As-tu invoqué Allah ou l'as-tu imploré pour quelque chose en rapport avec cela ? ».***

L'homme répondit : « Oui, j'avais l'habitude de dire : « Ô Allah, quel que soit mon châtiment dans l'au-delà, avance-le ici-bas. »

Le Prophète (paix sur lui) dit : « Gloire à Allah ! Tu n'as ni la capacité ni le pouvoir de supporter cela. Si seulement tu avais dit : « Ô Allah, accorde-moi le bien dans cette vie, le bien dans l'au-delà et préserve-nous du châtiment de l'Enfer. »[1]

Dans un autre hadith, d'après Anas (qu'Allah l'agréé), ***un homme a dit : « Ô Prophète d'Allah, quelle est la meilleure invocation ? »***

Le Prophète (paix sur lui) répondit : « Demande le pardon à Allah et la prospérité dans cette vie et celle d'après. »

L'homme revint le jour suivant et demanda : « Ô Prophète d'Allah, quelle est la meilleure invocation ? »

Le Prophète (paix sur lui) répondit : « Demande le pardon à Allah et la prospérité dans cette vie et celle d'après. »

---

1 Rapporté par Muslim.

L'homme revint à nouveau le jour suivant et le Prophète (paix sur lui) répondit : « Demande le pardon à Allah et la prospérité dans cette vie et celle d'après, car s'Il t'accorde le pardon et la prospérité ici-bas et dans l'au-delà, tu auras réussi. »[1]

Dans les deux *Sahihs*, il est rapporté que le Prophète (paix sur lui) a dit : « ***Cherchez refuge auprès d'Allah contre la douleur de l'épreuve, l'atteinte des malheurs, la prédestination défavorable et le fait de réjouir les ennemis.*** »[2]

Al-Mutarrif a dit : « Je préfère être en bonne santé et reconnaissant qu'être éprouvé et patient. »

1 Rapporté par Al-Tirmidhi & Ibn Majah. La chaîne de transmission du hadith est faible.

2 Rapporté par Al-Boukhari & Muslim.

13 - La patience est-elle meilleure que la reconnaissance ?

Les gens ont divergé au sujet de cette question : la patience est-elle meilleure que la reconnaissance ? Ou est-ce la reconnaissance qui est meilleure ?

De nombreuses lignes peuvent être écrites à ce sujet, mais nous pouvons conclure en disant qu'à la fois la patience et la reconnaissance sont composées de degrés.

Le plus bas degré de patience consiste à se retenir de se plaindre de ce qui est détesté. Au-dessus se trouve la satisfaction, un degré situé au-delà de la patience. Au-dessus de la satisfaction se trouve la reconnaissance par rapport à l'épreuve.

La reconnaissance possède également de nombreux degrés. La pudeur du serviteur face à la succession de bienfaits sur lui en fait partie. Sa connaissance de son imperfection en matière de reconnaissance est une forme de reconnaissance. Sa connaissance de la grandeur de la bonté d'Allah et de Son voile [sur les fautes du serviteur] constitue de la reconnaissance. Reconnaître que les bienfaits que nous ne méritons pas proviennent d'Allah est une forme de reconnaissance. Le fait de savoir que la reconnaissance en elle-même est un des bienfaits d'Allah est une forme de reconnaissance. L'humilité et la modestie par rapport aux bienfaits sont des formes de reconnaissance. La reconnaissance vis-à-vis des voies [par lesquelles les bienfaits sont obtenus] est une forme de reconnaissance, sur la base de la parole du Prophète (paix sur lui) : ***« Celui qui ne remercie pas les gens ne remercie pas Allah. »***[1]

1 *Sahih Al-Jami'.*

Le bon comportement envers les bienfaits d'Allah est une forme de reconnaissance. Accueillir les bienfaits avec bienveillance et glorifier les bienfaits les plus minimes sont des formes de reconnaissance.

En réalité, tous les actes et paroles qui entrent dans le cadre de la reconnaissance et de la patience ne peuvent être comparés. Ils sont de différents degrés, donc comment peut-on estimer que l'une est meilleure que l'autre ?

Cependant, nous disons que si la patience est ajoutée à la reconnaissance, comme dans le cas de la dépense pour les actes d'obéissance, alors la reconnaissance est meilleure, car elle inclut également la patience.

En elle se trouve la joie éprouvée pour le bienfait d'Allah et en elle se trouve le fait de supporter la douleur de la dépense envers le pauvre en renonçant à ce qui aurait pu être dépensé dans des plaisirs licites. La reconnaissance est donc, en ce sens, meilleure que la patience.

Si la reconnaissance pour les biens encourage à ne pas les utiliser pour désobéir, mais à les dépenser dans un plaisir licite, alors ici la patience est meilleure.

En effet, l'homme pauvre qui fait preuve de patience est meilleur que celui qui s'accroche à ses biens, mais qui pourtant les dépense dans les choses permises. Cela, car le pauvre aura lutté contre lui-même et perfectionné sa patience face à l'épreuve d'Allah.

Ceci en raison du fait que ce qui vient en premier lieu à l'esprit des gens concernant les bienfaits et les biens est l'enrichissement. Et ce qui vient en premier lieu à leur esprit concernant la reconnaissance est que l'on doit dire : « Al-Hamdoulillah ».

Or, si tu as saisi les sens que nous avons mentionnés, tu sauras que chacun des deux s'applique selon la situation. Le pauvre patient est meilleur que le riche reconnaissant, et le riche reconnaissant peut aussi être meilleur que le pauvre patient.

En effet, le riche qui s'estime semblable au pauvre, ne garde aucun bien pour lui-même, sauf ce qui est nécessaire, et dépense le reste dans le bien ou le conserve avec la conviction qu'il est le trésorier de ceux dans le besoin, attendant l'occasion de le dépenser sans chercher à gagner en réputation ou qu'on le suive aveuglément, agit d'une meilleure manière que le fait d'être pauvre et patient.

Et Allah sait mieux.

Chapitre 3 : L'espoir et la crainte

Sache que l'espoir et la crainte sont deux ailes par lesquelles « les rapprochés » volent vers toute station louable. Elles sont telles deux montures grâce auxquelles chaque obstacle vers l'au-delà peut être surmonté. Ainsi, leurs réalités, leurs mérites et leurs causes doivent être explicités. Nous traiterons de ce sujet en deux parties : la première consacrée à l'espoir et la seconde à la crainte.

1 - L'espoir

Sache que l'espoir s'inscrit parmi les stations de ceux qui voyagent vers l'au-delà et le recherchent. Lorsqu'un attribut s'établit fermement et dure, on le nomme « station ». Lorsqu'il est éphémère, on le nomme « état ».

La couleur jaune se divise en ce qui est stable, comme le jaune de l'or, ce qui ne l'est pas, comme dans le cas de la peur, et ce qui est intermédiaire comme dans le cas de la maladie. Les attributs du cœur se divisent de la même manière. Ce qui n'est pas permanent est appelé « état », car il est détaché du cœur.

Sache que tout ce que tu aimes et que tu détestes se divise en ce qui existe dans le présent et ce qui a existé dans le passé.

Le premier est nommé « découverte », « goût » et « perception ».
Le second est nommé « souvenir ».

Les pensées qui traversent l'esprit au sujet du futur et envahissent le cœur sont nommées « attente » et « expectative ». Si ce qui est attendu est aimé, on l'appelle « espoir ». S'il est détesté, on l'appelle « crainte ».

Donc, l'espoir consiste à attendre ce qui est aimé. Cependant, ce qui est attendu repose nécessairement sur une cause qui conduit à sa réalisation. Si on ne connaît ni l'existence ni l'absence de cette cause, on nomme cela « souhait ».

Les termes « crainte » et « espoir » s'appliquent seulement à propos de ce qui est incertain de se produire, et non pas sur ce qui se produira assurément.

On ne dit donc pas : « J'espère que le soleil se lèvera » et « Je crains que le soleil ne se couche », car il s'agit d'évènements qui se produiront de manière certaine. On dira plutôt : « J'espère qu'il va pleuvoir » et « Je crains qu'il ne pleuve pas ».

Les spécialistes des cœurs savent que le monde est tel un champ de semence pour l'au-delà. Le cœur est à l'image de la terre et la foi à l'image des graines. Les actes d'obéissance purifient la terre et permettent aux rivières et aux sources d'eau de se déverser en elle.

Quant au cœur absorbé par cette vie d'ici-bas, il est à l'exemple d'une terre déserte au sein de laquelle les graines ne peuvent germer.

Le Jour du Jugement est à l'image du jour de la moisson durant lequel chacun récoltera ce qu'il a semé. Aucun champ ne produira quoique ce soit sauf celui ensemencé par les graines de la foi. Or, la foi profite rarement au cœur vil et aux mauvais caractères, de même que les graines ne poussent pas dans la terre déserte.

Ainsi, l'espoir du serviteur doit être assimilé à l'espoir du cultivateur.

L'attente que l'on appelle espoir correspond à celle de celui qui recherche une terre fertile, y plante de bonnes graines non toxiques, puis l'arrose aux moments appropriés, la purifie des ronces, des mauvaises herbes et de tout ce qui nuit à cette terre, et qui ensuite attend que la grâce d'Allah retienne le tonnerre et les éclairs afin que la culture puisse atteindre le terme requis.

Quant au fait de planter des graines dans une terre aride,

surélevée et solide, qui ne peut recevoir l'eau et qui n'a même pas été préparée en amont, puis d'en attendre une récolte, on appelle cette attente « absurdité » et « illusion », et non pas « espoir ».

Planter des graines dans une bonne terre, mais sans eau, en attendant simplement que la pluie tombe correspond à ce qu'on nomme « souhait », et non « espoir ».

Donc, le nom « espoir » ne s'applique véritablement qu'à l'attente d'une chose aimée tout en accomplissant en parallèle les causes internes qui sont sous le contrôle et le choix du serviteur. Tout ce qui reste correspond à ce qui n'est pas sous sa décision, il s'agit de la grâce d'Allah.

Si le serviteur sème les graines de la foi et les arrose avec l'eau de l'obéissance, purifie son cœur des ronces du mauvais caractère et attend la grâce d'Allah pour l'affermir sur cette voie jusqu'à sa mort et lui donner une bonne fin qui nécessite le pardon, son attente correspond à un espoir méritoire, qui encourage à la persévérance dans l'obéissance et au développement de la foi jusqu'à la mort.

Si les graines de la foi sont privées de l'eau de l'obéissance, ou que le cœur n'abandonne pas le mauvais caractère ou qu'il s'enracine dans les plaisirs d'ici-bas, puis qu'il attend le pardon, cela correspond à de l'absurdité et de l'illusion.

Allah a dit :

« Puis les suivirent des successeurs qui héritèrent le Livre, mais qui préférèrent ce qu'offre la vie d'ici-bas en disant : «Nous aurons le pardon.» »[1]

1 Sourate 7 : Al-A'raf, verset 169.

Et Allah blâme celui qui dit :

« Et je ne pense pas que l'Heure viendra. Et si on me ramène vers mon Seigneur, je trouverai certes meilleur lieu de retour que ce jardin. »[1]

Shaddad Ibn Aws (qu'Allah l'agrée) rapporte :
« Le Messager d'Allah (paix sur lui) a dit :
« L'intelligent est celui qui se rend des comptes à lui-même et agit pour après la mort. L'incapable est celui qui autorise son âme à suivre ses désirs puis attend d'Allah qu'Il réalise ses espoirs. »[2]

Ma'ruf Al-Kirkhi (qu'Allah lui fasse miséricorde) a dit : « Ton espoir en la miséricorde de Celui auquel tu désobéis est une humiliation et une absurdité. ».

En raison de cela, Allah a dit :

« Certes, ceux qui ont cru, émigré et lutté dans le sentier d'Allah, ceux-là espèrent la miséricorde d'Allah. »[3]

Cela signifie : ils sont ceux qui méritent d'avoir espoir, pourtant cela n'est pas spécifique à eux, car les autres sont également en capacité d'espérer.

Tu dois savoir que l'espoir est louable, car il encourage à agir. Le désespoir, en revanche, est blâmable, car il empêche l'action.

Donc, celui qui sait qu'une terre est aride, que l'eau ne sera d'aucun bénéfice et que les graines n'y pousseront pas doit la

1 Sourate 18 : La Caverne, verset 36.
2 Rapporté par Al-Tirmidhi. La chaîne de transmission comporte un narrateur faible.
3 Sourate 2 : La Vache, verset 218.

quitter et ne pas se fatiguer à l'entretenir.

Quant à la crainte, elle ne s'oppose pas à l'espoir. Elle l'accompagne plutôt, comme cela va être expliqué si Allah le veut.

L'état d'espoir mène au chemin de l'effort à travers les bonnes œuvres et la persévérance, quelle que soit la situation.

Parmi ses effets se trouvent : le délice du fait de se tourner constamment vers Allah, en chérissant le privilège de Son invocation et en étant connecté à Lui par la patience.

Ces effets émergent forcément chez tous ceux qui espèrent quelque chose, même de la part d'un roi d'ici-bas ou d'une autre personne. Comment donc imaginer qu'ils n'émergent pas dans le cas du droit d'Allah ? Lorsque ces effets ne se manifestent pas, alors la station de l'espoir est inatteignable. Donc celui qui espère le bien d'une manière autre que celle-ci se berce d'illusions.

2 - Les mérites de l'espoir

D'après Abu Hurayrah, ***le Prophète (paix sur lui) a dit [qu'Allah a dit] : « Je suis tel que ce que Mon serviteur pense de Moi. »***[1] Et dans une autre version : ***« Donc, laissez-le penser ce qu'il veut de Moi. ».***

Dans un autre hadith, le Prophète (paix sur lui) a dit : ***« Qu'aucun d'entre vous ne meurt sans avoir une bonne opinion d'Allah. »***[2]

Allah révéla à David (paix sur lui) : « J'aime ceux qui M'aiment et qui transmettent Mon amour à Mes créatures. »
David dit : « Mon Seigneur, comment puis-je transmettre Ton amour à Tes créatures ? »
Allah dit : « Mentionne-moi par ce qui est bon et beau, et mentionne Ma bonté et Mes bienfaits. »

Mujahid (qu'Allah lui fasse miséricorde) a dit : « Le Jour du Jugement, un serviteur sera placé en Enfer. Il dira : « Ce n'est pas ce que je croyais ! »
Allah dira : « Que croyais-tu ? »
Le serviteur répondra : « Que Tu me pardonnerais. »
Allah dira : « Libérez-le ! »

---

1 Rapporté par Al-Boukhari & Muslim.

2 Rapporté par Muslim.

3 - Le remède de l'espoir

Sache que deux catégories d'hommes ont besoin du remède de l'espoir :

L'homme qui a été dominé par le désespoir, au point qu'il abandonne les actes d'adoration
L'homme qui a été dominé par la crainte, au point qu'il se fasse du tort à lui-même et à sa famille

Quant au désobéissant qui se berce d'espoirs illusoires au sujet d'Allah, qui se détourne des adorations, il est plutôt approprié d'utiliser le remède de la crainte sur lui. En effet, le remède de l'espoir se transformerait en poison dans son cas. Ceci de la même façon que le miel est un remède pour celui qui a été submergé par le froid, alors qu'il est toxique pour celui submergé de chaleur.

C'est pourquoi le prêcheur doit faire preuve de subtilité, examiner les défauts et les traiter chacun de manière appropriée. À notre époque, il est inapproprié d'utiliser les causes de l'espoir. Il convient plutôt de mettre l'accent sur la crainte. Le prêcheur doit mentionner les mérites de l'espoir si son but est que les cœurs s'y attachent et que le malade se rectifie.

'Ali (qu'Allah l'agrée) a dit : « Le savant est celui qui ne fait ni désespérer les gens de la miséricorde d'Allah, ni ne les fait se sentir à l'abri du stratagème d'Allah. »

Si tu sais cela, alors tu dois savoir que les causes de l'espoir arrivent par les voies de la réflexion et par les voies des récits.

Ce qui passe par les voies de la réflexion consiste à méditer sur tout ce que nous avons mentionné dans le chapitre de la reconnaissance. Si les bienfaits d'Allah envers Ses serviteurs sont connus ici-bas, ainsi que les merveilles de Sa Sagesse qu'Il introduit dans la prédisposition naturelle des humains, que Sa bienfaisance divine concerne même le plus infime intérêt mondain de Ses serviteurs et qu'Il n'aime pas pour eux qu'ils manquent de s'élever, alors comment Allah peut-Il aimer qu'ils soient conduits vers la perte éternelle ?

Celui qui est bienveillant en ce monde le sera également dans l'au-delà, car le Gestionnaire de chacune des deux demeures est Unique.

Quant à ce qui passe par les voies des versets coraniques et des récits, on y trouve ce qu'Allah a dit :

« Dis : «Ô Mes serviteurs qui avez commis des excès à votre propre détriment, ne désespérez pas de la miséricorde d'Allah. Car Allah pardonne tous les péchés. Oui, c'est Lui le Pardonneur, le Très Miséricordieux». »[1]

Et Il a dit :

« Les anges glorifient leur Seigneur, célèbrent Ses louanges et implorent le pardon pour ceux qui sont sur la terre. »[2]

Allah a explicité qu'Il a préparé l'Enfer pour Ses ennemis et pour effrayer Ses alliés :

« Au-dessus d'eux, ils auront des couches de feu, et des couches au-dessous d'eux. Voilà ce dont Allah menace Ses esclaves. »[3]

1 Sourate 39 : Les Groupes, verset 53.
2 Sourate 5 : La Consultation, verset 5.
3 Sourate 39 : Les Groupes, verset 16.

Et Il a dit :

« Et craignez le Feu préparé pour les mécréants. »[1]

« Je vous ai donc avertis d'un Feu qui flambe, où ne brûlera que le damné, qui dément et tourne le dos »[2]

« Ton Seigneur est Détenteur du pardon pour les gens, malgré leurs méfaits. »[3]

Parmi les hadiths, on trouve ce qui est rapporté d'après Abu Sa'id Al-Khudri (qu'Allah l'agrée) qui a dit :
« J'ai entendu le Messager d'Allah (paix sur lui) dire :
« Certes, Iblis a dit à Son Seigneur : « Par Ta Majesté et par Ta Gloire, je ne cesserai de tromper les enfants d'Adam tant que leurs âmes demeurent en leurs corps. »
Allah dit : « Par Ma Majesté et par Ma Gloire, Je ne cesserais de leur pardonner tant qu'ils recherchent Mon Pardon. » » »[4]

Abu Hurayrah (qu'Allah l'agrée) a dit :
« Le Messager d'Allah (paix sur lui) a dit :
« Par Celui qui détient mon âme dans Sa Main, si vous ne commettiez aucun péché, Allah vous ferait disparaître et apporterait des gens qui commettraient des péchés et qui demanderaient pardon et Allah leur pardonnerait. »[5]

D'après 'Aishah (qu'Allah l'agrée), le Prophète (paix sur lui) a dit : ***« Soyez fermes, persévérez et soyez optimistes, car aucun d'entre vous n'entrera au Paradis par ses œuvres. »***

1 Sourate 3 : La Famille de 'Imran, verset 131.
2 Sourate 92 : La Nuit, verset 14 à 16.
3 Sourate 13 : Le Tonnerre, verset 6.
4 *Sahih Al-Jami'.*
5 Rapporté par Muslim.

Les Compagnons demandèrent : « Pas même toi Ô Messager d'Allah ? »

Il (paix sur lui) répondit : « Pas même moi, à moins qu'Allah ne me couvre de Sa miséricorde. »[1]

D'après Abu Sa'id Al-Khudri (qu'Allah l'agrée), le Prophète (paix sur lui) a dit :

« Allah dira, le Jour de la Résurrection : « Ô Adam ! »

Adam répondra : « Je réponds à Ton appel, me voici obéissant à Tes ordres et tout le bien est dans Tes Mains. »

Allah dira ensuite : « Ô, Adam, fais sortir de ta descendance ceux qui sont destinés à l'Enfer ! »

Adam répondra : « Qui sont les gens de l'Enfer ? »

Allah dira : « De chaque millier, fais en sortir neuf cent quatre-vingt-dix-neuf. »

À ce moment-là, les cheveux des enfants deviendront gris,

« Et toute femelle enceinte avortera de ce qu'elle portait. Et tu verras les gens ivres, alors qu'ils ne le sont pas. Mais le châtiment d'Allah est dur. »[2] **»**

Cela inquiéta grandement les gens présents, au point que leurs visages changèrent. Ils dirent :

« Ô Messager d'Allah, qui d'entre nous sera le seul sur un millier ? »

Le Prophète (paix sur lui) dit :

« Annoncez la bonne nouvelle, car issu de vous sera celui qui sera seul alors que issu de Gog et Magog seront ceux qui seront un millier. »

Les gens répondirent : « Allahu Akbar ! »

Le Prophète (paix sur lui) dit : « Par Allah, j'espère que vous serez le quart des habitants du Paradis. Par Allah,

---

1 Rapporté par Al-Boukhari & Muslim.

2 Sourate 22 : Le Pèlerinage, verset 2.

j'espère que vous serez le tiers des habitants du Paradis. Par Allah, j'espère que vous serez la moitié des habitants du Paradis. »

Les gens firent le takbir et le Prophète (paix sur lui) dit : « En ce jour, vous serez, parmi les gens, tels les poils blancs sur un taureau noir ou tels les poils noirs sur un taureau blanc. »[1]

Observe comment la crainte surgit malgré la gêne qu'elle suscite. Lorsque les cœurs sont réconfortés par le désir, il convient de les incommoder, et lorsque l'inquiétude s'intensifie, les cœurs doivent être réconfortés. Cela afin qu'un équilibre puisse être atteint.

Ibn Mas'ud (qu'Allah l'agrée) a dit : « Allah pardonnera aux gens le Jour du Jugement d'une manière que leurs cœurs ne peuvent imaginer. »

On rapporte qu'un mage demanda au Prophète Abraham (paix sur lui) de l'héberger, mais il refusa. Allah révéla alors à Abraham (paix sur lui) : « Ô, Abraham, cela fait quatre-vingt-dix ans que je pourvois à sa subsistance alors qu'il mécroit en Moi. ». Abraham (paix sur lui) s'efforça de le retrouver, le ramena, l'hébergea et lui raconta ce qu'Allah lui avait révélé. Le mage fut impressionné par la douceur d'Allah et embrassa l'Islam.

Les insensés et ceux qui se bercent d'illusions ne sont pas attentifs à ces éléments qui instillent le souffle de l'espoir dans les cœurs des craintifs et des désespérés. Seul ce qui a attrait à la crainte les touche. C'est pour cette raison que la plupart des gens ne peuvent se corriger que par elle.

1 Rapporté par Al-Boukhari & Muslim.

4 - La crainte et ses degrés

Sache que la crainte est l'expression d'une douleur et d'une combustion du cœur dues à l'aversion envers [une chose] future.

Citons l'exemple de celui qui commet un crime contre un roi puis se fait capturer par lui. Il craindra d'être exécuté et recherchera le pardon. Toutefois, son cœur sera empli de douleur en raison de sa connaissance certaine du fait qu'il va probablement être exécuté pour son crime infâme et de la manière dont le roi le considère. La crainte peut ne pas être causée par le crime, mais par la description de celui qui la suscite, de son pouvoir et de son envergure.

Le fait qu'Allah puisse détruire les mondes sans effort et sans que quiconque puisse l'en empêcher est connu. Ainsi, quand une personne connaît ses propres fautes, connaît la Majesté d'Allah et Son Autosuffisance, et sait qu'Allah ne sera pas Celui qui sera interrogé, cela suscite de la crainte chez elle.

Ceux qui craignent Allah le plus sont ceux qui ont la plus grande connaissance d'eux-mêmes et d'Allah. C'est pour cette raison que le Prophète (paix sur lui) a dit : ***« Je suis celui qui connaît le mieux Allah parmi vous, et celui qui Le craint le plus. »***[1]

Et Allah a dit :

« Parmi Ses serviteurs, seuls les savants craignent Allah. »[2]

---

1 Rapporté par Al-Boukhari & Muslim.

2 Sourate 35 : Le Créateur, verset 28.

Lorsque le savoir se perfectionne, la crainte impacte le cœur et l'affecte, puis s'exprime à travers les membres par des évanouissements et des larmes, conduisant parfois même à la mort. Elle peut même atteindre le cerveau et altérer la raison.

Quant à son expression par les membres, cela s'accomplit par le fait de rester loin des péchés, de demeurer dans l'obéissance, de corriger ce qui s'est produit par le passé et de se préparer pour ce qui est à venir. Certains ont dit : « Celui qui craint [Allah] fait des efforts. ».

D'autres ont dit : « Celui qui craint n'est pas celui qui pleure. Plutôt, celui qui craint est celui se retient de ce dont il est capable. »

Parmi les fruits de la crainte se trouve le fait qu'elle supprime les désirs et les plaisirs. Les péchés qui sont aimés deviennent détestés, de la même façon que le miel devient détesté par celui qui s'apprête à le consommer, mais qui sait qu'il contient du poison.

Ainsi, la crainte brûle les désirs, met les membres sous contrôle et conduit le cœur à devenir humble et paisible. C'est alors que l'orgueil, la rancœur, et la jalousie quittent l'individu. Il commence à recueillir l'angoisse générée par sa crainte. Il ne se préoccupe pas des autres, car il est occupé par la vigilance, par le fait de se remettre en question, par le combat contre son âme et par le fait d'être avare de sa personne et de son temps, demandant des comptes à son âme pour chaque pensée, pas ou parole qui émane de lui. Il devient tel celui qui rencontre un lion, ne sachant pas s'il parviendra à échapper à son regard pour qu'il puisse s'enfuir, ou si le lion l'attaquera et le tuera. Il n'est préoccupé que par sa propre personne.

L'étendue et la force de la vigilance et du fait de se rendre des comptes dépendent de la force de la crainte. La force de la crainte dépend de la force de la connaissance d'Allah, de Ses Attributs, des défauts de l'âme, de ses pièges et de ses états.

Le plus bas degré de la crainte, dont les effets se manifestent à travers les actes, consiste à se retenir de tomber dans les interdits. Si cette retenue concerne ce qui est illicite, on parle de « *wara'* ». Si cette retenue est liée à l'impartialité et au fait d'être préoccupé par cela au lieu de manifester de l'intérêt pour la vie d'ici-bas, on parle de « *sidq* ».

5 - Les degrés de la crainte

Sache que la crainte est la menace d'Allah que Ses serviteurs gardent à l'esprit afin de persévérer dans le savoir et les œuvres dans le but d'atteindre le degré des rapprochés d'Allah.

La crainte peut toutefois être accompagnée d'excès, de modération et de manque. La modération correspond à ce qui est louable et ressemble à ce qui représente une menace pour un animal.

L'excès en matière de crainte n'est pas louable, de même que le manque. Cela à l'image de celui qui pleure à l'écoute des versets, mais qui en dehors de cela retourne à l'insouciance. Il s'agit d'une crainte déficiente qui ne renferme que peu de bienfaits, à l'exemple d'un bâton fragile utilisé pour battre un animal fort. Il ne le blesse aucunement et n'est pas approprié pour un usage sportif. Il s'agit du cas prédominant chez la plupart des gens à l'exception des dévots et des savants. J'entends par savants ceux qui connaissent Allah et Ses versets. Leur présence est honorable. Quant à ceux qui feignent la connaissance, ils sont les plus éloignés de la crainte.

Concernant la première catégorie, elle est constituée de ceux touchés d'une crainte excessive, à l'image des désespérés qui ont transgressé les limites de la modération. Cela est également blâmable, car elle empêche d'agir et peut même mener à la maladie et la mort. Ce n'est pas quelque chose de louable.

Ce qui est louable est ce qui mène à l'objectif pour lequel il existe. Tout ce qui échoue à cela ou transgresse les limites est blâmable.

Les bienfaits de la crainte sont la prudence, la retenue, la piété, la lutte contre l'âme, la réflexion, le rappel d'Allah, l'adoration ainsi que tout ce qui conduit à Allah et dont on a besoin dans la vie, à l'exemple de la bonne santé physique et mentale. Si elle détériore un de ces éléments, elle devient blâmable.

Donc si l'on demande : « Que dis-tu de celui qui meurt de crainte ? »

La réponse est : sa mort dans cet état signifie qu'il occupera un degré qu'il n'aurait pas pu atteindre en mourant sans crainte. En revanche, s'il avait vécu et élevé son rang par l'acquisition du savoir, sa compréhension et sa mise pratique, cela aurait été meilleur.

Le plus grand bonheur consiste à avoir une longue vie d'obéissance à Allah. Tout ce qui invalide la longue vie, la raison et le bien n'est que perte et déficience.

6 - Les catégories de crainte

Sache que les stations de ceux dotés de crainte varient.

Il y a ceux dont la crainte domine leur cœur, ceux qui craignent de s'égarer par le fait de recevoir des bienfaits, ceux qui craignent de faiblir dans la persévérance et ceux qui sont envahis par la crainte d'une mauvaise fin.

Le plus haut degré est la crainte de ce qui a été décrété et celle d'une mauvaise fin en est une branche. En effet, Allah élève en rang qui Il veut et rabaisse qui Il veut. Allah ne sera pas interrogé sur ce qu'Il fait. Il dira : ***« Certains sont au Paradis, et Je ne m'en soucie pas et certains sont en Enfer et Je ne m'en soucie pas. »***[1]

Parmi les catégories de ceux qui éprouvent de la crainte se trouvent ceux qui craignent les affres de la mort ou d'être interrogés par Munkar et Nakir ou de subir les châtiments de la tombe.

Se trouvent également ceux qui craignent l'effroi du fait de se tenir devant Allah, de répondre de leurs actes, la traversée du pont, l'Enfer et ses niveaux, la privation du Paradis et le fait d'être exclu d'Allah. Tous ces états sont détestés d'une âme aussi craintive et éveillent la crainte.

Les plus hauts de ces degrés sont la crainte d'être exclu d'Allah, il s'agit de la crainte de ceux qui connaissent Allah, le degré précédent étant la crainte des ascètes et des dévots.

---

1 *Al-Sahihah.*

7 - Crainte et espoir : lequel est supérieur à l'autre ?

Le mérite de toute chose dépend de ce qu'elle apporte dans la quête du bonheur qui est de rencontrer Allah et de se rapprocher de Lui. Tout ce qui aide en cela est vertueux. Allah dit :

« Et pour celui qui aura craint de comparaître devant son Seigneur, il y aura deux jardins »[1]

« Allah les agrée et ils L'agréent. Telle sera [la récompense] de celui qui craint son Seigneur. »[2]

Dans un hadith, le Prophète (paix sur lui) a dit : ***« Si la peau d'un serviteur frissonne de crainte d'Allah, ses péchés tombent de lui comme les feuilles tombent de l'arbre desséché. »***[3]

Dans un autre hadith : « Allah n'est pas en colère contre celui qui Le craint. »[4]

Le Prophète (paix sur lui) a dit :
« Allah dit : « Par Mon Honneur et Ma Majesté, Je ne réunirais pas chez Mon serviteur deux craintes et deux sécurités. S'il se sent en sécurité de Moi dans cette vie, je lui ferais Me craindre le Jour du Jugement. S'il Me craint dans cette vie, Je lui donnerais la sécurité le Jour du Juge-

1 Sourate 55 : Le Tout-Miséricordieux, verset 46.
2 Sourate 98 : La Preuve, verset 8.
3 Rapporté par Al-Bayhaqi avec une chaîne de transmission faible.
4 Référence inconnue.

ment. »[1]

D'après Ibn 'Abbas, le Prophète (paix sur lui) a dit :
« Deux yeux ne seront absolument pas touchés par le feu de l'Enfer : un œil qui pleure par crainte d'Allah et un œil qui reste ouvert pour la surveillance dans le sentier d'Allah. »[2]

Tu dois savoir que certains demandent : « Qu'est-ce qui est meilleur entre la crainte et l'espoir ? ». Cette question s'assimile à celle-ci : « Qu'est-ce qui est meilleur entre le pain et l'eau ? ».

La réponse consiste à dire que le pain est meilleur pour l'affamé et l'eau est meilleure pour l'assoiffé. S'ils sont réunis, alors il faut regarder celui qui est le plus approprié et s'ils sont équivalents, alors ils auront le même statut.

La crainte et l'espoir sont deux remèdes par lesquels les cœurs sont traités. Leur mérite dépend de la maladie présente. Donc si le sentiment de sécurité domine un cœur au point de se sentir à l'abri d'Allah, la crainte est meilleure. De même, si le cœur est dominé par le désespoir, l'espoir est meilleur.

Il est cependant permis de dire sans réserve que la crainte est meilleure. Comme il est dit : le pain est meilleur que l'oxymel, car le pain résout le problème de la faim, alors que l'oxymel traite la jaunisse. La faim est plus fréquente et commune, donc le besoin du pain est plus important. C'est pourquoi la crainte est meilleure sous cet angle, car la désobéissance et le fait de se bercer d'illusions dominent plus fréquemment les gens.

---

1 Rapporté par Ibn Hibban. Jugé bon par Al-Albani.
2 Rapporté par Al-Hakim. Authentifié par Al-Albani.

Cependant, dans l'absolu, l'espoir est meilleur, car il est issu d'un océan de miséricorde et la crainte d'un océan de colère.

Quant au pieux, la crainte et l'espoir sont au même niveau pour lui. C'est pourquoi il est dit : « Si la crainte et l'espoir du croyant étaient pesés, leur poids serait le même. »

Certains Pieux Prédécesseurs ont dit : « Si l'ensemble des gens était admis au Paradis à l'exception d'un homme, je craindrais que ce soit moi. Si l'ensemble des gens était admis en Enfer à l'exception d'un homme, j'espèrerais que ce soit moi. »

C'est de cette manière que le croyant sincère et pieux se comporte. Si l'on demande : « Comment l'espoir et la crainte peuvent-ils tous deux à la fois être mis en équilibre dans le cœur du croyant ? Son espoir ne doit-il pas être plus grand en raison de sa piété ? »

La réponse est que le croyant n'est jamais sûr de la validité de ses œuvres. Il est tel celui qui sème une variété de graines qu'il n'a auparavant jamais semé dans une terre étrangère. Les graines correspondent à la foi et les conditions de sa validité sont subtiles. La terre correspond au cœur, qui peut cacher son côté vil par hypocrisie, car les secrets des caractères sont obscurs et l'agonie de la mort y jette la lumière. Tout cela implique la crainte, donc comment le croyant ne pourrait-il pas en avoir ?

'Umar ibn Al-Khattab (qu'Allah l'agrée) demanda à Hudhayfa (qu'Allah l'agrée) : « Suis-je parmi les hypocrites ? »[1]. Il craignait de se bercer d'illusions étant donné sa

1 Car le Prophète (paix sur lui) désigna Hudhayfa pour ce qui est de la connaissance des hypocrites. Voir *Sahih Muslim*.

condition. Cette crainte louable est ce qui incite à l'action et empêche le cœur de se fier à la vie d'ici-bas.

Quant à celui dont la mort arrive, l'espoir est meilleur pour lui, car la crainte ici est telle une menace qui encourage à accomplir une œuvre qui est inatteignable. L'espoir, dans cette situation, renforce le cœur et l'aide à aimer son Seigneur. Il est donc inapproprié de quitter ce monde sans aimer Allah, Sa rencontre et sans avoir une bonne opinion de Lui.

Sulayman Al-Taymi a dit lorsque la mort s'approcha de lui : « Parlez-moi de ce qui est permis, afin que Je rencontre Allah en ayant bonne opinion de Lui. ».

8 - Le traitement qui conduit à la crainte

Il s'applique de deux manières, l'une étant plus élevée que l'autre. On peut les comparer à un jeune garçon qui se trouve chez lui alors qu'un fauve ou un serpent entre dans la maison. Il se peut qu'il n'en ait pas peur, voire qu'il tende la main vers l'animal pour s'amuser avec lui. En revanche, si le garçonnet voit son père fuir la bête et en avoir peur, il fuira également. Sa crainte sera fondée sur le suivi de son père, mais la crainte du père sera fondée sur la connaissance et la compréhension.

Si tu sais cela, tu dois savoir que la crainte d'Allah est composée de deux niveaux :

Le premier niveau : la crainte du châtiment d'Allah.

Cette crainte est ressentie par la plupart des créatures. Elle est atteinte par le fait de croire au Paradis et à l'Enfer et qu'ils représentent les deux rétributions pour l'obéissance et la désobéissance. Elle s'affaiblit si la foi est faible ou si l'insouciance est forte. L'insouciance disparaît par le rappel et la méditation sur le châtiment de l'au-delà. Cette crainte augmente en observant les pieux, en assistant à leurs assemblées et en écoutant leurs récits.

Le deuxième niveau : la crainte d'Allah.

Il s'agit de la crainte ressentie par les savants. Allah a dit :

« Allah vous met en garde contre Lui-même. »[1]

---

1 Sourate 3 : La Famille de 'Imran, verset 30.

Les Attributs d'Allah, Gloire à Lui, impliquent l'effroi et la crainte, la peur d'être éloigné d'Allah et d'être exclu de Lui.

Dhu' Al-Nun a dit : « La crainte de l'Enfer qui dérive de la peur de la mort est telle une goutte dans un océan. »

La plupart des gens ressentent ce type de crainte. Elle est cependant issue du suivi aveugle et s'assimile au cas du garçonnet qui craignait le serpent uniquement par suivi aveugle de son père. En raison de cela, ce type de crainte s'affaiblit, car les croyances fondées sur le suivi aveugle s'affaiblissent facilement dans la plupart des cas. Ceci à moins qu'elle ne soit renforcée par l'observation constante des causes qui mènent à elle et par la persévérance dans les obligations, afin d'augmenter les actes d'obéissances, ainsi que par le fait de rester éloigné de la désobéissance.

Si le serviteur s'élève jusqu'à la connaissance d'Allah, il Le craindra forcément et il n'y aura besoin d'aucun remède servant à installer la crainte dans son cœur.

En revanche, quiconque échoue à cela doit emprunter le sentier de la guérison de sa personne par l'écoute des récits des pieux. Il ne doit pas hésiter à les suivre, car ils sont des Prophètes, des savants et des alliés d'Allah.

'Aishah (qu'Allah l'agrée) rapporte :
« Le Messager d'Allah fut invité aux funérailles d'un enfant issu des Ansar. Je lui dis : « Ô Messager d'Allah, est-ce que le tuba [un arbre du Paradis] est pour lui ? Il est l'un des oiseaux d'Allah au Paradis, car il n'a jamais compris ce qu'est le mal ni ne l'a commis. »
Le Prophète (paix sur lui) répondit :
« Ô, Aishah, Allah a créé les habitants du Paradis. Il les a créés alors qu'ils se trouvaient dans les ventres de

leurs mères. Il a également créé les habitants de l'Enfer. Il les a créés qu'alors qu'ils se trouvaient dans les ventres de leurs mères. » »[1]

Parmi les choses les plus étonnantes se trouve la Parole suivante d'Allah, qui en apparence suscite l'espoir, alors qu'elle met en réalité en garde :

« Et Je suis Grand Pardonneur à celui qui se repent, croit, fait bonne œuvre, puis se met sur le bon chemin »[2]

En effet, Allah a lié le pardon à quatre conditions pour qu'il soit valide.

Parmi les versets qui suscitent la crainte se trouvent ceux dans lesquels Allah dit :

« Par le Temps, certes l'Homme est en perdition. »[3]

Puis, Allah mentionna quatre conditions après cela par lesquelles la sécurité contre la perdition est obtenue.

Allah a également dit :

« Si Nous voulions, Nous apporterions à chaque âme sa guidée. Mais la parole venant de Moi doit être réalisée : «J'emplirai l'Enfer de djinns et d'hommes réunis». »[4]

Il est connu que si l'on pouvait revenir en arrière, les ambitions seraient plus grandes, mais le passé ne peut être changé, il faut donc l'accepter.

---

1 Rapporté par Muslim.

2 Sourate 20 : Ta-Ha, verset 82.

3 Sourate 103 : Le Temps, versets 1 & 2.

4 Sourate 32 : La Prosternation, verset 13.

Si ce n'était la Douceur d'Allah envers ceux qui Le connaissent, et leurs cœurs remplis d'espoir, ils auraient brûlé en raison du feu de la crainte.

Abu Al-Darda (qu'Allah l'agréé) a dit : « Personne n'est certain qu'il ne sera pas dépossédé de sa foi au moment de la mort, sans qu'il finisse par en être dépossédé. »

Lorsque la mort approcha pour Sufyan Al-Thawri, il commença à pleurer. Un homme lui dit : « Ô, Abu 'Abdullah, on dirait que tu as commis beaucoup de péchés. »
Sufyan Al-Thawri ramassa de la poussière dans sa main et dit : « Par Allah, mes péchés sont moindres que cela, mais je crains que la foi ne me soit retirée au moment de mourir. »

Sahl a dit : « Celui qui vise l'au-delà craint d'être éprouvé par les péchés, alors que celui qui connaît Allah craint d'être éprouvé par la mécréance. »

On rapporte que l'un des Prophètes se plaignit de la faim et du manque de vêtements à Allah. Allah lui révéla alors : « Mon serviteur, n'es-tu pas satisfait du fait que J'ai protégé ton cœur de mécroire en Moi pour que Tu me demandes des plaisirs de ce bas monde ? ». Le Prophète prit alors de la terre qu'il jeta sur sa tête en disant : « Plutôt, je suis satisfait, alors protège-moi de la mécréance. »

Si cela est la crainte d'une mauvaise fin que ressentent les dévots, malgré leurs pieds fermement plantés, alors comment les faibles peuvent-ils ne pas se montrer craintifs ?

Une mauvaise fin comprend des causes qui précèdent la mort telle que l'innovation, l'hypocrisie, l'orgueil, ainsi que ce qui est similaire à ces traits de caractère blâmables.

En raison de cela, la crainte des Pieux Prédécesseurs envers l'hypocrisie s'intensifiait. Certains disaient : « Si je savais que j'étais dénué de toute hypocrisie, cela me serait plus cher que le lever du soleil. ». Ils ne parlaient pas ici de l'hypocrisie dans la croyance, mais plutôt de l'hypocrisie dans les actes, comme cela est rapporté dans le hadith authentique :

« Les signes de l'hypocrite sont trois : quand il parle, il ment, quand il promet, il ne tient pas ses engagements et quand on lui fait confiance, il trahit. »[1]

La mauvaise fin se compose de deux degrés.

Le premier, qui est plus grave consiste à ce que le doute ou le reniement dominent le cœur, qu'Allah nous en préserve, lors de l'agonie de la mort et de ses affres, car cela implique le châtiment éternel.

Le second est moins grave que le premier. Il consiste à être mécontent du Décret Divin d'Allah, à exprimer de l'aversion envers lui, à se montrer injuste dans son testament, ou à mourir en persistant sur un péché.

Il a été rapporté que Satan concentre ses efforts sur le fils d'Adam au moment de sa mort. Il dit à ses alliés : « Attrapez-le, car s'il vous échappe aujourd'hui, jamais vous ne pourrez le rattraper. »

Il a été rapporté que le Messager d'Allah (paix sur lui) disait en invoquant :

« Ô, Allah, je cherche refuge auprès de Toi contre le fait que Satan me tente au moment de la mort. »[2]

---

1 Rapporté par Al-Boukhari & Muslim.

2 *Sahih Al-Jami'.*

Al-Khattabi a dit en commentant ce hadith : « Ceci par le fait que Satan cherche à contrôler l'individu à ce moment [de la mort], qu'il l'égare, qu'il tente de se mettre entre lui et son repentir, qu'il l'empêche de délaisser un péché, ou qu'il le fasse désespérer de la Miséricorde d'Allah et détester la mort, au point qu'il ne soit pas satisfait du Décret d'Allah. »

Les causes qui conduisent à une mauvaise fin ne peuvent être restreintes en détail. En revanche, il est possible de les mettre en avant de manière générale.

Une fin fondée sur le doute et le reniement est causée par l'innovation. Elle implique de croire en tout ce qui s'oppose à la vérité concernant l'Essence d'Allah, que cela soit en matière de Ses Noms ou de Ses Actes. Cela peut être basé soit sur le suivi aveugle, soit sur une opinion corrompue. Lorsque le voile est levé au moment de la mort, l'invalidité de la croyance de ce serviteur lui devient claire, ainsi que le fait qu'elle n'avait aucun fondement. Quiconque croit aux Attributs d'Allah d'une manière conforme à celle des Pieux Prédécesseurs sera à l'abri de ce danger si Allah le veut.

Concernant la fin fondée sur les péchés, ses causes sont une foi faible dans ses fondements, ce qui conduit à des péchés qui, à leur tour, éteignent la lumière de la foi. Si la foi faiblit, l'amour envers Allah faiblit. Lorsque les affres de la mort débutent, la foi faiblit encore plus en raison de la sensation de départ de ce monde.

La cause menant à ce genre de fin est l'amour de ce bas monde, le fait d'aller à sa poursuite, en parallèle à une foi faible, qui elle-même conduit à un amour envers Allah faible.

Quiconque trouve dans son cœur un amour plus grand envers Allah qu'envers ce bas monde est éloigné de ce danger. Tous ceux qui meurent en aimant Allah sont tels de bons serviteurs désirant retrouver leur maître et dont la joie et le bonheur sont apparents.

Quant à celui qui voit son âme le quitter alors qu'il est dans une situation dangereuse où il commet des actes qu'Allah rejette ou qu'il persiste dans le fait de s'opposer à Allah, trouvera alors à son arrivée ce qui correspond à cela et méritera le châtiment.

Celui qui souhaite emprunter le chemin du salut évitera les causes de la perdition. D'après Sahl Ibn Sa'd, le Messager d'Allah (paix sur lui) a dit : ***« Un homme peut œuvrer à la manière des gens de l'Enfer, mais être voué au Paradis ; et un homme peut œuvrer à la manière des gens du Paradis, mais être voué à l'Enfer. »***[1]

Il a également été rapporté que : « Lorsque l'âme du serviteur s'élève en direction des cieux, les anges disent : « Gloire à Allah ! Ce serviteur a été sauvé de Satan. Comme son salut est étonnant ! » »

Si tu connais la signification d'une mauvaise fin, tu dois être prudent à l'égard de ses causes et te préparer. Prends garde à reporter cette préparation, car la vie est courte, ton âme peut être prise et une personne meurt sur ce sur quoi elle a vécu et sera ressuscitée sur ce sur quoi elle est morte.

Nous allons maintenant te rapporter des récits de pieux. Nous espérons qu'ils retirent une partie de la dureté de ton cœur, car tu es sûr que les Prophètes et les pieux étaient plus raisonnables que toi. Médite donc sur leur crainte intense. Peut-être te prépareras-tu.

---

1 Rapporté par Al-Boukhari & Muslim.

9 - La crainte des anges

Allah a dit :

« Ils craignent leur Seigneur, au-dessus d'eux, et font ce qui leur est ordonné. »[1]

Il a été rapporté que le Prophète (paix sur lui) a dit : ***« Allah possède des anges qui tremblent par crainte de Lui. »***[2]

On nous a rapporté que parmi les anges qui portent le Trône d'Allah, certains pleurent des larmes telles des rivières. Lorsque l'un d'entre eux lève sa tête pour dire : « Gloire à Toi ! La crainte véritable que Tu mérites qu'on te porte n'a pas été réalisée. », Allah lui dit : « Mais ceux qui jurent par Mon Nom mentent et ne le savent pas. »

D'après Jabir (qu'Allah l'agrée), le Messager d'Allah (paix sur lui) a dit : ***« La nuit de mon ascension, j'ai vu Gabriel, paix sur lui, crier de larmes par crainte d'Allah. »***[3]

On nous a rapporté que ***Gabriel (paix sur lui) vint trouver le Prophète (paix sur lui) en pleurant. Il lui demanda : « Qu'est-ce qui te fait pleurer ? »***

Gabriel répondit : « Mes yeux n'ont jamais séché depuis qu'Allah a créé l'Enfer. Je pleure de crainte de Lui désobéir et qu'Il ne m'y jette. »[4]

Yazid Al-Raqashi a dit : « Allah possède des anges autour

---

1 Sourate 16 : Les Abeilles, verset 50.

2 *Al-Da'ifah.* La chaîne de transmission du hadith est faible.

3 *Al-Da'ifah.* La chaîne de transmission du hadith est faible.

4 *Al-Da'ifah.* Le hadith est inventé.

du Trône dont les yeux ruissèleront comme des rivières le Jour du Jugement, par crainte d'Allah. Allah leur dira : « Ô, Mes anges, de quoi avez-vous peur alors que vous êtes auprès de Moi ? »

Les anges diront : « Ô, Seigneur, si seulement les habitants de la terre étaient conscients de Ta Puissance et de Ta Majesté ! Ils ne se nourriraient alors plus, ne boiraient plus et n'iraient plus dormir dans leurs couches. Ils se rendraient dans le désert, mugissant comme les vaches le font. »

Muhammad Ibn Al-Munkadir a dit : « Lorsque l'Enfer fut créé, les cœurs des anges furent perturbés, et quand Adam fut créé, ils se sont calmés. »

Il a été rapporté que lorsque Iblis manifesta ce qui s'est passé, Gabriel et Michaël pleurèrent. Allah leur inspira alors : « Quelle est la raison de ces pleurs ? »

Ils répondirent : « Ô, Seigneur, nous ne sommes pas à l'abri de Ton stratagème. »

Allah leur dit : « C'est ainsi que vous devez être. »

10 - La crainte des prophètes

Wahb a dit : « Adam (paix sur lui) pleura trois-cents ans et n'a plus levé sa tête vers le ciel après avoir commis son péché. »

Wuhayb Ibn Al-Warad a dit : « Lorsqu'Allah reprit Noé (paix sur lui) au sujet de son fils, Il dit :

« Je t'exhorte à ne pas faire partie des ignorants. »[1]

Noé pleura pendant trois-cents ans jusqu'à ce que des sillons apparaissent sous ses yeux. »

Abu Al-Darda (qu'Allah l'agrée) a dit : « Lorsque Abraham (paix sur lui) se tenait debout en prière, un gémissement émanait de lui en raison de sa crainte d'Allah et ses pleurs pouvaient être entendus de loin. »

Mujahid a dit : « Lorsque David (paix sur lui) commit un péché, il se prosterna humblement devant Allah pendant quarante jours, au point que des plantes poussèrent à partir de ses larmes. Il supplia ensuite son Seigneur : « Le front s'est couvert de plaies et les yeux se sont asséchés. »

David ne retourna pas à son péché. On lui dit alors :

« As-tu faim pour qu'on te nourrisse ? Es-tu malade pour qu'on te guérisse ? Es-tu opprimé pour qu'on te secoure ? ». Il pleura au point que tout ce qui avait poussé fut emporté, puis il fut pardonné.

Il a également été dit que les gens pensaient que David (paix sur lui) était malade, mais il était dans cet état par crainte d'Allah.

---

1 Sourate 11 : Hud, verset 46.

Si la mort était mentionnée devant Jésus (paix sur lui), sa peau commençait à saigner.

Yahya Ibn Zakariyya (paix sur lui) pleura au point que ses molaires apparaissaient. Sa mère prit deux morceaux de tissu qu'elle colla à ses joues.[1]

1 Nous n'avons trouvé aucun texte authentique qui confirme ces récits.

11 - La crainte du Prophète Muhammad (paix sur lui)

'Aishah (qu'Allah l'agrée) a dit : « ***Je n'ai jamais vu le Messager d'Allah (paix sur lui) rire au point de voir sa luette, mais il souriait.*** *Lorsqu'il apercevait des nuages ou du vent, cela se voyait sur son visage. Je dis : « Ô Messager d'Allah, lorsque les gens aperçoivent les nuages, ils s'en réjouissent par espoir qu'il pleuve, pourtant c'est plutôt l'aversion que je vois sur ton visage. »*

Le Messager d'Allah (paix sur lui) dit : « Ô, Aishah, qu'est-ce qui m'assure qu'il ne s'agit pas d'un châtiment ? Des peuples furent châtiés par le vent. D'autres peuples furent châtiés alors qu'ils disaient : « Voici des nuages annonciateurs de pluie. »[1]

Lorsque le Prophète (paix sur lui) priait, un gémissement émanait de lui en raison de ses pleurs.[2]

1 Rapporté par Al-Boukhari & Muslim.

2 *Sahih Abu Dawud.*

12 - La crainte des Compagnons

Nous avons rapporté d'Abu Bakr le Véridique (qu'Allah l'agrée) qu'il tenait sa langue et disait : « C'est elle qui me conduira à ma perte. »

Il disait également : « Malheur à moi, j'aurais aimé être un arbre que l'on coupe et dont on mange. »

On rapporte que Talhah, Abu Al-Darda et Abu Dharr (qu'Allah les agrée) disaient la même chose.

'Umar Ibn Al-Khattab (qu'Allah l'agrée) écoutait les versets du Coran et tombait parfois malade [par crainte d'Allah] pendant des jours au point qu'on lui rendait visite. Une fois, il ramassa de la paille qui était sur le sol et dit : « Malheur à moi, j'aurais aimé être cette paille. Malheur à moi, j'aurais aimé ne jamais exister. Malheur à ma mère de m'avoir mis au monde. »

'Umar avait deux sillons sous ses yeux en raison de ses pleurs.

'Uthman (qu'Allah l'agréé) disait : « J'aurais souhaité ne pas être ressuscité après ma mort. »

Abu 'Ubaydah Ibn Al-Jarrah (qu'Allah l'agrée) a dit : « J'aurais souhaité être un morceau de viande sacrifiée par ma famille qui se serait nourrie de ma chair et qui aurait bu de mon bouillon. »

‘Imran Ibn Husayn a dit : « Malheur à moi, j’aurais aimé être du sable que le vent éparpille. »

Hudhayfah (qu’Allah l’agréé) a dit : « J’aurais aimé avoir quelqu’un pour s’occuper de mes biens, puis je me serais enfermé chez moi sans autoriser quiconque à entrer jusqu’à ce que je rencontre Allah Tout-Puissant, le Majestueux. »

Les larmes creusèrent des sillons sur les joues d’Ibn ‘Abbas (qu’Allah l’agrée) en raison de ses pleurs.

‘Aishah (qu’Allah l’agrée) a dit : « Malheur à moi, j’aurais aimé être oubliée. »

‘Ali (qu’Allah l’agrée) a dit : « Par Allah, j’ai vu les Compagnons de Muhammad (paix sur lui) et je ne vois personne aujourd’hui qui leur ressemble. Ils se levaient le matin les cheveux hirsutes et passaient la nuit en prosternation et debout [en prière] récitant le Livre d’Allah. Quand ils se réveillaient, ils mentionnaient Allah et vacillaient comme les arbres lors d’un jour de vent. Leurs yeux déversaient des larmes au point de mouiller leurs vêtements. Par Allah, c’est comme si les gens [d’aujourd’hui] étaient devenus insouciants. »

13 - La crainte des successeurs

Harim ibn Hayyan a dit : « Par Allah, j'aurais souhaité être un arbre dont se nourrit un chameau puis être excrété, plutôt que de devoir rendre des comptes le Jour du Jugement. Certes, je crains cet évènement majeur. »

Lorsque 'Ali ibn Al-Hussayn faisait les ablutions, il devenait pâle et changeait de couleur. On lui disait : « Qu'est-ce qui ne va pas chez toi ? »

Il répondait : « Vous rendez-vous vraiment compte d'en face de Qui nous allons nous tenir debout en prière ? »

Muhammad ibn Wasi' pleurait la majorité de la nuit et ne mangeait presque jamais le matin.

Lorsque la mort était mentionnée devant 'Umar Ibn 'Abd Al-'Aziz, il se mettait à pleurer jusqu'à ce que ses larmes inondent sa barbe. Une nuit, il pleura, ainsi que les gens de sa maison. Sa fille Fatimah lui demanda : « Ô mon père, Ô Commandeur des Croyants, pourquoi pleures-tu ? »

Il répondait : « Je me suis souvenu du départ des gens après avoir qu'ils aient été amenés devant Allah pour rendre des comptes : une partie au Paradis et une partie en Enfer. ». Il cria et tomba inconscient.

Lorsqu'Al-Mansur se rendit à Al-Quds, il resta avec un moine avec qui 'Umar Ibn 'Abd Al-'Aziz avait l'habitude de rester. Il lui dit : « Informe-moi de choses extraordinaires que tu as vu de 'Umar. »

Le moine répondit : « Il est une fois resté dormir ici sur le toit de ma chambre. J'ai remarqué que de l'eau s'écoulait de la gouttière depuis le toit. Je suis monté et j'ai trouvé 'Umar en prosternation. Les larmes s'écoulaient depuis ses yeux dans la gouttière. »

Nous avons rapporté qu'à la fois 'Umar Ibn 'Abd Al-'Aziz et Fath Al-Mawsili pleuraient du sang [par crainte d'Allah].

Ibrahim Ibn 'Issa Al-Yashkuri a dit : « J'ai visité un homme de Bahrain qui s'était retiré des gens et s'était dédié à sa personne. Je lui ai rappelé quelque chose au sujet de l'au-delà et de la mort. Cet homme se mit à suffoquer jusqu'à ce que son âme s'en aille. »

Misma' a dit : « J'ai assisté à un sermon de 'Abd Al-Wahid ibn Zayd au cours duquel quatre personnes sont mortes dans l'assemblée. »

Yazid Ibn Murshid pleurait beaucoup et disait : « Par Allah, si mon Seigneur m'avait menacé de m'emprisonner dans un hammam, il aurait été de mon droit de pleurer sans m'arrêter. Comment ne serait-ce pas le cas alors qu'Il m'a menacé de m'emprisonner en Enfer si je Lui désobéis ? »

Al-Sari Al-Saqati a dit : « Je regarde chaque jour mon nez par crainte que mon visage ne noircisse. »

Ces récits démontrent la crainte des anges, des prophètes, des savants et des alliés d'Allah. Nous méritons plus d'avoir peur qu'eux. Cependant, la crainte n'est pas obtenue par le grand nombre de péchés, mais plutôt par des cœurs purs et par la perfection de la connaissance. Nous nous sentons en sécurité du fait de notre immense ignorance et de la dureté intense de nos cœurs.

Le cœur pur est ébranlé par la moindre quantité de crainte, alors que le cœur dur n'est affecté par aucune exhortation.

L'un des pieux prédécesseurs a dit :
« J'ai dit à un moine : « Conseille-moi. »
Il répondit : « Sois tel un homme qui s'apprête à être dévoré par un fauve et qui craint son attaque. »
Je dis : « Conseille-moi à nouveau. »
Le moine dit : « Une petite quantité d'eau suffit à l'assoiffé. » »

Ce que le moine a mentionné concernant celui qui est sur le point d'être dévoré par un animal sauvage fait en réalité référence au croyant. Quiconque examine sa propre personne à la lumière de la clairvoyance verra qu'il est exposé à l'attaque d'animaux sauvages et dévoyés tels que la colère, la haine, la jalousie, l'orgueil, la fatuité, l'ostentation, etc. Tous ces traits de caractère l'attaquent, mais un voile l'empêche de les voir. Si le voile est levé et qu'il est placé dans la tombe, ils le piqueront comme des serpents et des scorpions le feraient, mais il s'agit de son état actuel. Donc celui qui veut les vaincre et les tuer avant sa mort, qu'il le fasse. Dans le cas contraire, il aura exposé son cœur, plus encore que sa peau, à la morsure empoisonnée.

Nos autres éditions

100 Trésors de l'Islam : principes du Coran et de la Sunna pour une vie meilleure — Samir Doudouch

La Guérison des Âmes — Ibn Al-Jawzi

Les Bienfaits de l'Épreuve — Al 'Izz ibn 'Abd Al-Salam & Ibn Al-Qayyim

Le Réveil des Cœurs — Ibn Al-Jawzi

Tafsir Sourate Al-Fatiha — Ibn Al-Qayyim & d'autres

Le Livre de L'Amour — Ibn Taymiyya

La Piété envers les Parents — Ibn Al-Jawzi

Le Livre du Comportement — Ibn Qudamah

Le Bonheur Véritable – Ibn Al-Qayyim

La Vie d'Ici-Bas – Ibn Qudamah

Printed by Amazon Italia Logistica S.r.l.
Torrazza Piemonte (TO), Italy

33316299R00084